Auteur(e)s :
Roxane Amoravain
Valérie Blasco
Hélène Maspoli
Lucie Mensdorff-Pouilly

Magosha Fréquelin et Marie Gouelleu (DELF)

Julie Veldeman-Abry (phonétique)

Sommaire

Unité 0 Bienvenue !	3
Unité 1 Je suis…	7
Bilan linguistique	14
DELF A1	16
Unité 2 Près de moi	19
Bilan linguistique	26
DELF A1	28
Unité 3 Qu'est-ce qu'on mange ?	31
Bilan linguistique	38
DELF A1	40
Unité 4 C'est où ?	43
Bilan linguistique	50
DELF A1	52
Unité 5 C'est tendance !	55
Bilan linguistique	62
DELF A1	64
Unité 6 Qu'est-ce qu'on fait aujourd'hui ?	67
Bilan linguistique	74
DELF A1	76
Unité 7 Chez moi !	79
Bilan linguistique	86
DELF A1	88
Unité 8 En forme !	91
Bilan linguistique	98
DELF A1	100
Unité 9 Bonnes vacances !	103
Bilan linguistique	110
DELF A1	112
Unité 10 Au travail !	115
Bilan linguistique	122
DELF A1	124
TRANSCRIPTIONS	127
CORRIGÉS	133

Couverture : Nicolas Piroux
Principe de maquette : Nicolas Piroux
Mise en page : Séverine Olivier (Marse)
Édition : Aurélie Buatois, Pascale Spitz (pages DELF)
Iconographes : Jeanne Guyonvarch, Lucie Marmey
Cheffe de studio : Christelle Daubignard
Illustrations : Laura Csajagi, JAV, Nathalie Jomard, Marie Morelle
Photogravure : IGS-CP
Enregistrements, montage et mixage des audios : Vincent Henquinet – Eurodvd

Unité 1

Je suis…

Grammaire

▸ Les adjectifs de nationalité ——— p. 19

1. Classez les adjectifs dans le tableau.

~~américain~~ – sénégalaise – allemand – argentin – espagnole – colombienne

Adjectif masculin	Adjectif féminin
américain	

2. Complétez avec l'adjectif masculin ou féminin.

a. Il est suisse. ➔ Elle est ………………… .

b. Il est ………………… ➔ Elle est colombienne.

c. Il est congolais. ➔ Elle est ………………… .

d. Il est ………………… ➔ Elle est turque.

e. Il est tunisien. ➔ Elle est ………………… .

3. Soulignez la bonne réponse.

Exemple : Pedro, il est **brésilien**.

a. Pauline, elle est *français / française*.

b. Simon, il est *suédois / suédoise*.

c. Naomi, elle est *japonais / japonaise*.

d. Kosta, il est *grec / grecque*.

e. Jeff, il est *anglais / anglaise*.

4. Écoutez et complétez avec l'adjectif masculin ou féminin. 7

a. ital……
b. belg……
c. chin……
d. maroc……
e. coré……
f. portug……

5. Associez pour former des phrases.

a. Je
b. Tu
c. Paul et moi, nous
d. Sam et Émilie
e. Vous
f. Elle

1. as 24 ans ?
2. sommes français.
3. êtes américain ?
4. m'appelle Ramzi.
5. s'appelle Colette.
6. ont 30 ans.

sept | 7

Grammaire

▸ Les articles définis *le, la, l', les* —————————————— p. 20

1. Classez les pays dans le tableau.

Pays-Bas – ~~Mali~~ – France – États-Unis – Iran – Italie

Le pays est masculin	Le pays est féminin	Le pays est pluriel
Le **Mali**	La	Les ....
L'	L'	Les ....

2. Écrivez les articles devant les noms de pays.

Exemple : *Le* Zimbabwe   **a.** ...... Mexique   **b.** ...... Chine

c. ...... Japon   **d.** ...... Argentine

3. Soulignez la bonne réponse.

a. Tu aimes *l'* / *le* art ?

b. C'est *la* / *les* langue de Paul.

c. J'aime *l'* / *les* Algérie.

d. Radka aime *les* / *la* géographie.

e. Julie aime *l'* / *la* Espagne.

4. Écoutez et complétez les phrases avec *le, la, l'* ou *les*. 8

a. Nino aime ...... cinéma, Lisa aime ...... musique.

b. Sonia aime ...... langues, Hussein aime ...... histoire.

c. Bertille aime ...... café, Denis aime ...... chocolat.

Vocabulaire

Les loisirs (1), les nombres (1) — p. 21

1. Associez les phrases et les images.

a. Paola aime le sport.
b. Jessica aime les langues.
c. Peter aime le cinéma.
d. Corinne aime la musique.
e. Élisa aime l'art.

1.
2.
3.
4.
5.

2. Classez les nombres du plus petit au plus grand.

a. soixante-huit : ......
b. trente-deux : **1**
c. quarante et un : ......
d. cinquante-cinq : ......
e. quarante-cinq : ......
f. trente-sept : ......
g. soixante et un : ......

3. Complétez les nombres en lettres.

a. 46 : .... six
b. 38 : .... huit
c. 65 : .... cinq
d. 52 : .... deux
e. 37 : .... sept
f. 51 : .... un

4. Écoutez et écrivez les nombres. 9

a. Le numéro **59**, s'il vous plaît !
b. Kristie a ...... ans.
c. Demain, j'ai ...... ans !
d. C'est le ...... décembre !
e. Mon numéro, c'est le 06 ....

Phonie-graphie — Les groupes rythmiques et la place de l'accent tonique

Écoutez et associez les phrases. Soulignez l'accent tonique. Puis répétez les phrases. 10

a. Nous sommes
b. J'aime
c. Il s'appelle
d. Tu as
e. Il habite
f. Elle parle

1. quarante-deux ans.
2. coréennes.
3. anglais.
4. Vincent.
5. le tennis.
6. à Munich.

Grammaire

▶ Les prépositions devant les noms de villes et de pays (1) — p. 25

1. Remettez les mots dans l'ordre pour terminer les phrases.

Exemple : J'habite à / en / Tunisie / Monastir → **à Monastir, en Tunisie.**

a. Nikita est né *Moscou / en / à / Russie* → ....

b. Florence habite *Canada / au / Ottawa / à* → ....

c. Vasu est né *Inde / à / Calcutta / en* → ....

d. Lydia habite *Pays-Bas / Amsterdam / à / aux* → ....

e. Louis est né *à / Portugal / Porto / au* → ....

2. Écoutez et cochez. 11

	a	b	c	d	e	f
en						
au						
aux						
à	X					

3. Écrivez des phrases comme dans l'exemple.

Exemple : Emma – Oslo : ***Emma habite à Oslo, en Norvège.***

a. Petra – Glasgow. ....
b. Jan – Rotterdam. ....
c. Ana – Bordeaux. ....
d. Pablo – Madrid. ....
e. Nasser – Alger. ....

4. Soulignez le bon verbe.

a. Loana *a / est* 24 ans et elle est hollandaise.

b. Lucille et moi, nous *avons / sommes* belges.

c. Tu *as / es* deux nationalités, Pedro ?

d. Kristof et Nils *ont / sont* à Toulouse maintenant.

e. Vous *avez / êtes* une adresse à Lyon ?

Grammaire

▶ l'adjectif interrogatif *quel* —————————————— p. 26

1. Accordez l'adjectif *quel* si nécessaire.

a. Quel…… langues vous parlez ?

b. Tu habites à quel…… adresse ?

c. Quel…… est la date de naissance de Louane ?

d. Quel…… sont les nationalités dans la classe ?

e. Quel…… artistes tu aimes ?

f. Tu habites dans quel…… pays ?

2. Complétez les phrases avec les mots proposés.
numéro – langues – âge – ville – auteurs – adresse

a. Tu as quel ………………… ?

b. Tu parles quelles ………………… ?

c. Vous aimez quels ………………… ?

d. Quel est le ………………… de Bilal ?

e. Vous habitez dans quelle ………………… ?

f. Quelle est votre ………………… mail ?

3. Écoutez et cochez. 12

	a	b	c	d	e	f
Quel	X					
Quelle						
Quels						
Quelles						

4. Complétez avec *quel, quelle, quels, quelles*.

a. ………………… est votre nom ?

b. ………………… sport vous pratiquez ?

c. ………………… est votre adresse ?

d. ………………… villes de France vous aimez ?

e. ………………… sont les pays de naissance des personnes ici ?

f. ………………… est votre nationalité ?

5. Complétez les phrases avec le verbe *parler* au présent.

a. Sur Duo, je ………………… espagnol avec Francesco.

b. Dans la classe, nous ………………… français.

c. Vous ………………… quelle langue ?

d. Li et Chang ………………… chinois.

e. Lisa ………………… français, portugais et polonais.

f. Tu ………………… quatre langues ?

Vocabulaire

Les pays et les nationalités, l'identité et les coordonnées, les nombres (2)

→ p. 27

1. Complétez les phrases avec les nationalités.

a. Hélène est née en Belgique, elle est ....

b. Akem est né au Cameroun, il est ....

c. Hyunsok est né en Corée, il est ....

d. Malia est née au Sénégal, elle est ....

e. Adam est né en Pologne, il est ....

f. Angela est née en Allemagne, elle est ....

2. Complétez le formulaire d'inscription avec les mots proposés.

Téléphone – Nom – Mail – Prénom – Adresse – Pays

Formulaire d'inscription : Bibliothèque François Mitterrand	
Nom	Péret
....	Anne-Marie
....	32, place de la République
Code postal 38400	**Ville** Gières
....	France
....	06 87 98 14 08
....	peret.annem@hotmail.fr
	Signature *Peret*

3. Complétez le tableau.

Le pays	La nationalité
L'Argentine	argentin(e)
L'................	indien(ne)
La République tchèque	....
Le	marocain(e)
Les États-Unis	....
Le	vietnamien(ne)

4. Écoutez et complétez les phrases avec les mots et les nombres. 🎧 13

a. Quelle est votre .... , s'il vous plaît ?

b. C'est la fête ! Paulette a ...... ans !

c. Le numéro ...... ? J'ai ! Bingo !

d. ...... euros, s'il vous plaît.

e. Mon .... ? C'est Lausanne.

f. Ton téléphone, c'est bien le .... ?

Phonie-graphie — Les liaisons avec les prépositions

Écoutez les phrases. Associez les mots et notez les liaisons. Répétez les phrases. 14

a. Il est né   1. en Algérie.
b. Elle est née   2. en Espagne.
c. Il habite   3. en Inde.
d. Elle habite   4. aux États-Unis.
e. Tu habites   5. aux îles Fidji.

Compréhension orale

Vous êtes Monsieur ?

Écoutez le dialogue et répondez aux questions. 15

1. Comment s'appelle l'homme ? ❏ Alain Briand. ❏ Adam Briant.
2. Quelle est sa nationalité ? ❏ français. ❏ belge.
3. Il est né dans quelle ville ? ❏ à Bruxelles. ❏ à Rouen.
4. Dans quel pays il habite ? ....
5. Quel est son numéro de passeport ? ....

Production écrite

Vous participez à un festival de BD dans votre ville. Vous lisez la fiche d'auteur et vous présentez Thomas Puissat sur le site du festival.

---

bdfest.com/auteur-32921-puissat-thomas.html

LE FESTIVAL BD   LES AUTEURS   CONTACT

L'AUTEUR

Puissat, Thomas

Nom : *Puissat*   Prénom : *Thomas*
Lieu de naissance : *Anvers*
Pays de naissance : *Belgique*
Âge : *36 ans*
Lieu actuel : *Marseille*
Loisirs : *la musique, le cinéma*
Langues : *français, italien, japonais*

Bilan linguistique

..../ 40

Grammaire

1. Complétez les phrases avec les adjectifs féminins. ..../ 5

a. Il est japonais. Elle est ....

b. Il est turc. Elle est ....

c. Il est suédois. Elle est ....

d. Il est espagnol. Elle est ....

e. Il est mexicain. Elle est ....

2. Complétez les phrases avec *le, la, l', les*. ..../ 5

a. J'aime ...... café.

b. Tu aimes ...... histoire ?

c. C'est quel pays, ... Italie ?

d. Kathlyn aime ...... langues.

e. San aime ...... Tunisie.

3. Choisissez la bonne préposition. ..../ 5

a. Tao est chinoise. Elle habite *au / en* Chine.

b. Charlie est américaine. Elle habite *aux / en* États-Unis.

c. Matteo est suisse. Il habite *en / à* Genève.

d. Nélia est portugaise. Elle habite *à / au* Portugal.

e. Amrish est indien. Il habite *en / à* Inde.

4. Associez les débuts et les fins de phrases. ..../ 5

a. Quel   1. pays tu habites ?
b. Quelle   2. est la nationalité de John ?
c. Quels   3. langues vous parlez ?
d. Quelles   4. sport vous aimez ?
e. Dans quel   5. artistes tu aimes ?

Vocabulaire

1. Regardez les images et complétez les noms de loisirs. ..../5

Raquel aime :

-  l'_ _ _ ,

-  les _ _ _ _ _ _ _ ,

-  le _ _ _ _ _ _ ,

-  la _ _ _ _ _ _ _ ,

-  et le _ _ _ _ _ .

2. Écrivez les nombres. ..../5

a. quarante-deux : ....
b. cinquante-neuf : ....
c. trente et un : ....
d. soixante-huit : ....
e. cinquante et un : ....

3. Complétez avec les noms de pays. ..../5

a. Chris est allemand, il est né en ....
b. Miranda est américaine, elle est née aux ....
c. Ignacio est argentin, il est né en ....
d. Aya est marocaine, elle est née au ....
e. Mai est vietnamienne, elle est née au ....

4. Écrivez les nombres en lettres. ..../5

a. 79 : ............................-............................-............................
b. 82 : ....-............................
c. 92 : ............................-............................-............................
d. 70 : ....-............................
e. 80 : ....-............................

quinze | 15

DELF A1

1. Compréhension de l'oral

Vous allez écouter un document. Pour répondre aux questions, cochez (✓) la bonne réponse.

Exercice 2 de l'épreuve

4 points

Lisez les questions. Écoutez le document puis répondez. Vous écoutez la radio française.

1 | Quel âge a Henrik ? *(1 point)*
- A ❏ 19 ans.
- B ❏ 22 ans.
- C ❏ 34 ans.

2 | Où habite Henrik ? *(1 point)*
- A ❏ En France.
- B ❏ En Espagne.
- C ❏ En Allemagne.

3 | Qu'est-ce que Henrik aime ? *(1 point)*

A ❏   B ❏   C ❏

4 | Comment vous pouvez poser des questions à Henrik ? *(1 point)*

A ❏   B ❏   C ❏

2. Compréhension des écrits

Pour répondre aux questions, cochez (✓) la bonne réponse.

Exercice 4 de l'épreuve

7 points

Vous êtes en France. Vous lisez cette affiche dans la rue. Répondez aux questions.

FESTIVAL DE MUSIQUE FRANCOFOLIES

MERCREDI 14 JUILLET
Concert de Jane Birkin à La Rochelle.

Jane Birkin est une musicienne anglaise.
Elle est née le 14 décembre 1946 à Londres.
Elle habite en France depuis 1960.
Jane Birkin parle français et italien.
Elle a trois filles : Kate, Charlotte et Lou.
Elle est aussi artiste de cinéma.
Son dernier film est *Jane par Charlotte*.

PROGRAMME
19 h Présentation de l'artiste
20 h Concert

PRIX DU BILLET
25 euros sur www.francofolies.billet.fr

1 | L'affiche est pour quel est l'événement ? — 2 points

A ☐   B ☐   C ☐

2 | Quelle est la nationalité de l'artiste ? — 1,5 point
A ☐ Anglaise.   B ☐ Italienne.   C ☐ Française.

3 | Quelle est la date de naissance de l'artiste ? — 1,5 point
A ☐ 14 juillet.   B ☐ 25 septembre.   C ☐ 14 décembre.

4 | À quelle heure commence l'événement ? — 1 point
A ☐ À 19 h.   B ☐ À 20 h.   C ☐ À 21 h.

5 | Comment vous pouvez avoir un billet ? — 1 point
A ☐ Au festival.   B ☐ Sur Internet.   C ☐ Au téléphone.

3. Production écrite

Exercice 1 de l'épreuve — 10 points

Vous êtes en France. Vous complétez ce formulaire pour vous présenter à votre professeur de français.

Nom : XXXXXXXXXXXXXXXXX
Prénom : .... / 1
Adresse (numéro et rue) : .... / 1
Ville : .... / 1
Téléphone : .... / 1
Âge : .... / 1
Nationalité : .... / 1
Langues : .... / 1
Qu'est-ce que vous aimez ?
– .... / 1
– .... / 1
Pays préféré : .... / 1

4. Production orale

Partie 2 de l'épreuve : échange d'informations

Vous posez des questions à l'examinateur à partir des mots écrits sur les cartes. Vous ne devez pas réutiliser uniquement le mot mais surtout l'idée.

Nationalité ?   Âge ?   Téléphone ?   Aimer ?   Langue ?   Habiter ?

dix-sept | 17

Jeux

1
Associez les étiquettes pour trouver 5 noms de loisirs.

Exemple : art

RT LAN SP NÉ CI ORT QUE A GUES MU MA SI

2
Utilisez les lettres du mot « nationalité » et écrivez des nationalités au féminin, comme dans l'exemple.

			P	O	L	O	N	A	I	S	E	
							A					
							T					
							I					
							O					
							N					
	S	É	N	É	G	A	L	A	I	S	E	
							I					
							T					
							É					

3
Regardez les drapeaux et retrouvez les noms de pays avec les articles.

L'PAYS-BAS**ALLEMAGNE**LE**CAMEROUN**ALGÉRIE**LES**BRÉSIL**COLOMBIE**LA**L'

a. L'Algérie b. .... c. .... d. .... e. .... f. ....

4
Avec votre voisin(e), jouez avec les nombres.

Vous dites un nombre, par exemple **81**.
Le nombre de votre voisin(e) doit commencer par **1**, par exemple **12**.
Votre nombre commence par **2**, par exemple **27**.
Le nombre de votre voisin(e) commence par **7**, par exemple **76**, etc.

Exemple :
Vous : 8**1**   Votre voisin(e) : **1**2   Vous : 2**7**   Votre voisin(e) : **7**6

18 | dix-huit

Unité 2

Près de moi

Grammaire

▶ Les articles définis et indéfinis — p. 33

1. Écoutez et cochez la bonne réponse. 🎧 17

	a	b	c	d	e	f	g
un	x						
une							
des							
le							
la							
l'							
les							

2. Soulignez le bon article.

Exemple : C'est **la** / une rue de la Liberté.

a. Tu as *un* / *le* piano ?

b. Pauline adore *les* / *des* langues.

c. J'aime *la* / *l'* histoire de la France.

d. *Un* / *Le* quartier Saint-Laurent est super !

3. Complétez avec *un, une, des, le, la, l'* ou *les*.

Jeanine habite ………… quartier calme. C'est ………… quartier de Vizille. Elle est dans ………… appartement avec ………… amie. Elle s'appelle Mireille. ………… appartement de Jeanine et de Mireille est très sympa. Elles aiment ………… musique. Elles ont ………… instruments de musique. Mireille a ………… piano et Jeanine a ………… guitare !

4. Complétez les terminaisons du verbe *habiter*.

a. Marie et Frédéric habit……… à Bruxelles.

b. Stéphane habit……… à Genève.

c. J'habit……… à Dakar.

d. Rio et moi, nous habit……… à Montréal.

e. Vous habit……… où ?

f. Tu habit……… avec Jacques ?

Grammaire

▶ Les verbes en -er au présent ——————————— p. 34

1. Soulignez la bonne réponse.

a. Je / J' déteste le sport.
b. Je / J' adore la montagne.
c. Il ne / n' aime pas la ville.
d. Nous ne / n' habitons pas à Paris.
e. Tu ne / n' parles pas espagnol ?
f. Je / J' habite à Lyon.

2. Associez pour former des phrases.

a. Mike et moi, nous
b. Je n'
c. Jacqueline
d. Vous
e. Tu
f. Les amis de Rick

1. aime pas l'histoire.
2. regardez des films français ?
3. marches le dimanche ?
4. parlons suédois.
5. détestent le ski.
6. écoute la radio.

3. Complétez les phrases avec les verbes proposés.

détestes – aime – adorent – dansez – parle – aimons

a. Elle .... l'appartement de Julie ! Il est super !
b. Ils .... la danse.
c. Je ne .... pas bien anglais.
d. Tu .... le quartier Saint-Jean ? Il n'est pas bien ?
e. Nous .... les films argentins.
f. Vous .... avec nous ?

4. Complétez les terminaisons des verbes.

a. Je détest........ le sport.
b. Léo march........ à la montagne.
c. Lou et Vadim ador........ danser.
d. Vous habit........ où ?
e. Tu dans........ avec moi ?
f. Jorma et moi, nous ne ski........ pas.

5. Écoutez et écrivez les verbes à la forme négative.  18

a. Nous .... le dimanche.
b. Je .... nager.
c. Gaël .... italien.
d. Ils .... danser.
e. Vous .... à Montpellier ?
f. Tu .... le rock ?

Vocabulaire

Les lieux, les loisirs (2) p. 35

1. Complétez les phrases comme dans l'exemple.

Exemple : Naoki aime le ski. Elle aime *skier*.

a. Bertille adore la .... Elle adore nager.

b. Zaza déteste la .... Elle déteste marcher.

c. Albert n'aime pas la danse. Il n'aime pas ....

2. Complétez les mots dans les phrases.

a. L'_ _ _ _ _ _ _ _ _ _ _ _ de Thierry est dans une r_ _ sympa ?

b. À Nice, il y a la m_ _ et les p_ _ _ _ _ sont grandes.

c. L'université de Carl est dans un q_ _ _ _ _ _ _ _ calme.

d. Tu as un i_ _ _ _ _ _ _ _ _ _ de musique ?

3. Écoutez et associez. 19

① ② ③ ④ ⑤ ⑥ ⑦

.... a ....

4. Complétez les phrases avec les mots proposés.

films – marche – festival – université – guitare

a. J'adore les .... des frères Podalydès.

b. Deux places pour le .... de danse, s'il vous plaît.

c. Tu préfères le piano ou la .... ?

d. Le dimanche, je .... à la montagne.

e. Armelle est à l'................... de Lyon.

Phonie-graphie — La prononciation des verbes en *-er* au présent

1. Écoutez et répétez les phrases suivantes. 20

a. Ils aiment le sport et ils marchent le week-end.

b. Elle adore le ski et elle joue au football.

c. Il déteste la natation et il n'aime pas la danse.

d. Elles habitent à Lyon et elles étudient le français.

2. Écoutez et complétez le texte avec la terminaison des verbes. 21

J'habit......... à Grenoble. Je travaill......... à l'université. Mon collègue Mathieu jou......... de la guitare et ma collègue Manon jou......... du piano. Ils ador......... la musique classique. Avec mon amie Pauline, nous aim......... le cinéma.

Grammaire

▸ Les adjectifs possessifs — p. 39

1. Soulignez la bonne réponse.

a. *Ma / Mon* cousine est fille unique.

b. *Ta / Ton* père est fleuriste ?

c. *Sa / Son* rue est calme.

d. *Ma / Mes* parents habitent à Paris.

e. *Ton / Tes* frères ont quel âge ?

f. *Sa / Ses* tante est informaticienne ?

2. Cochez la réponse correcte.

a. Il a deux frères. Ce sont…
  ❏ ses frères.   ❏ leurs frères.

b. Nous avons trois enfants. Ce sont…
  ❏ nos enfants.   ❏ leurs enfants.

c. Elles ont des amis à l'université. Ce sont…
  ❏ leurs amis.   ❏ ses amis.

d. Vous avez deux filles. Ce sont…
  ❏ vos filles.   ❏ leurs filles.

e. Ils ont deux fils. Ce sont…
  ❏ ses fils.   ❏ leurs fils.

f. Nous avons huit cousins. Ce sont…
  ❏ notre cousin.   ❏ nos cousins.

3. Écoutez et cochez. 22

	a	b	c	d	e	f	g	h
à moi	✗							
à toi								
à lui / à elle								
à nous								
à vous								
à eux / à elles								

4. Transformez les phrases comme dans l'exemple.

Exemple : L'appartement est à vous ? → C'est **votre** appartement ?

a. Le piano est à toi ? → C'est ………….. piano ?

b. La guitare est à moi ! → C'est ………….. guitare !

c. C'est la famille de Nicolas. → C'est ………….. famille.

d. C'est l'adresse de madame Pinot. → C'est ………….. adresse.

e. Les instruments de musique sont à moi → Ce sont ………….. instruments de musique.

f. Ce sont les parents de Pia et Kelly. → Ce sont ………….. parents.

Grammaire

▶ Le masculin et le féminin des professions ——————— p. 40

1. Classez les mots dans le tableau.

infirmier – *professeure* – *actrice* – *coiffeuse* – *informaticien* – *étudiant*

Masculin (*Il est…*)	Féminin (*Elle est…*)
infirmier	

2. Lisez le texte et soulignez la bonne réponse.

Je m'appelle Sophie, je suis *professeur* / *professeure*. Mon mari s'appelle Younès et il est *informaticien* / *informaticienne*. Nous avons deux enfants. Notre fils s'appelle Florent. Il est *étudiant* / *étudiante* à l'université. Notre fille Rose est *coiffeur* / *coiffeuse*. La petite amie de Florent est *acteur* / *actrice*. Le mari de Rose est *infirmier* / *infirmière*.

3. Écoutez et cochez. 23

a. ❏ infirmier ❏ infirmière
b. ❏ coiffeur ❏ coiffeuse
c. ❏ informaticien ❏ informaticienne
d. ❏ étudiant ❏ étudiante
e. ❏ acteur ❏ actrice

4. Soulignez la bonne forme des verbes *travailler* et *étudier*.

a. J' *étudie* / *étudies* la littérature.
b. Mon mari et moi, nous *travaillent* / *travaillons* à l'hôpital.
c. Mes parents *travaille* / *travaillent* à l'université, ils sont professeurs.
d. Tes amies *étudient* / *étudions* l'histoire aussi ?
e. Vous *travaillons* / *travaillez* dans quelle ville ?
f. Tu *étudies* / *étudie* le cinéma à l'université ?

5. Complétez les phrases avec les verbes proposés.

a. Je ………………………… à Bruxelles. (*travailler*)
b. Mon père et ma mère ………………………… à Paris. (*travailler*)
c. Mon frère Stan ………………………… à Lyon. (*étudier*)
d. Ma sœur et ma cousine, elles ………………………… à l'université de Grenoble. (*étudier*)
e. Mon oncle ………………………… beaucoup, il est professeur. (*travailler*)
f. Tu ………………………… où ? (*étudier*)

Vocabulaire

La famille, les professions

  p. 41

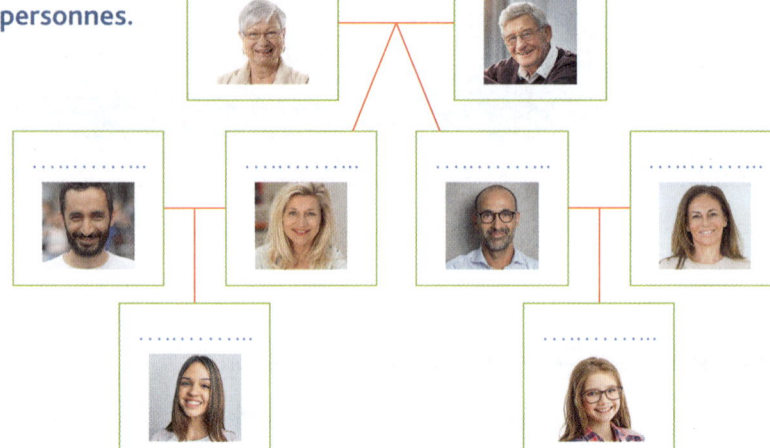

1. Lisez le texte et complétez les prénoms des personnes.

Mes grands-parents s'appellent **Monique** et **Albert**. Ils ont deux enfants, mon père, **Richard**, et ma tante, **Isabelle**. Isabelle est mariée, son mari s'appelle **Karim**. Ma mère s'appelle **Diane**. Je suis fille unique. J'ai une cousine. Elle s'appelle **Sarah**. Moi, je m'appelle **Cécilia**.

2. Choisissez la bonne réponse.

   a. Le frère de mon père, c'est mon *oncle* / *neveu*.
   b. Mon père, c'est le fils de mes *parents* / *grands-parents*.
   c. Le fils de mon oncle et de ma tante, c'est mon *frère* / *cousin*.
   d. Je suis la *fille* / *petite-fille* de mes grands-parents.
   e. La sœur de ma mère, c'est ma *tante* / *grand-mère*.

3. Écoutez et complétez les phrases. 🎧 24

   a. Mon .... s'appelle Frédéric.
   b. Comment s'appelle ton .... ?
   c. Ma .... est célibataire.
   d. Monsieur Truffaut a neuf ....
   e. Mon .... est fleuriste.
   f. Luc et May organisent leur ....

4. Regardez les images et complétez les phrases avec les professions.

   a. Suzanne est ....
   b. Hortense est ....
   c. Benoît est ....
   d. Joseph est ....
   e. Barbara est ....
   f. Milan est ....

Phonie-graphie — Les liaisons avec les déterminants

1. Écoutez les phrases et indiquez quand vous entendez [n] ou [z] ou s'il n'y a pas de liaison [-]. 25

	[n]	[z]	[-]
a. un ami			
b. les parents			
c. mes enfants			
d. des hommes			
e. mon oncle			
f. des cousins			

2. Écoutez et répétez les phrases suivantes. Puis, jouez les mini-dialogues à deux. 26

   a. – Tes enfants sont à l'université ?
   – Oui, mes enfants sont à l'université à Toulouse.
   b. – Ton amie a quel âge ?
   – Mon amie a 26 ans.
   c. – Quelles sont vos activités pendant le week-end ?
   – Nous marchons avec nos amis à la montagne.

Compréhension écrite

Comment tu vas ?

Lisez le mail de Fiona et répondez aux questions.

> Salut Mimi,
> Comment tu vas ?
> Moi, ça va très bien ! J'ai un petit ami maintenant, il s'appelle Marius. Il est très sympa. Il travaille avec mon frère, ils sont professeurs à l'université. La famille de Marius est super aussi, son père est fleuriste et sa mère est informaticienne. Marius est fils unique mais il a beaucoup de cousins. Marius et moi, nous habitons ensemble dans un appartement, dans un quartier sympa. C'est le quartier de Barriol, il est très calme.
> On aime beaucoup la danse ! Nous dansons le rock ! Et on adore la musique. Nous avons un piano maintenant !
> Et toi, et ton mari ? Vous habitez dans quel quartier maintenant ? Et tes parents, ta sœur, ça va ?
> Bisous,
> Fiona

1. Cochez la réponse correcte.

a. Marius est ❏ le mari de Fiona. ❏ le petit ami de Fiona.

b. Marius est ❏ professeur. ❏ fleuriste.

c. Marius ❏ a des frères et sœurs. ❏ n'a pas de frères et sœurs.

2. Vrai ou faux ?

	Vrai	Faux
a. Les parents de Marius travaillent.	❏	❏
b. Fiona et Marius habitent dans un appartement.	❏	❏
c. Fiona n'aime pas son quartier.	❏	❏

3. Quels sont les deux loisirs de Fiona et Marius ?

4. Quel instrument de musique ils ont ?

Production orale

JEUX DE RÔLE
À deux. Choisissez la fiche A ou B. Lisez les informations de votre fiche et jouez la scène avec votre partenaire.

Apprenant A
Vous rencontrez votre ami(e) en ville. Vous parlez de votre petit(e) ami(e). Vous parlez de sa famille et de votre appartement. Vous posez des questions à votre ami(e) sur sa situation familiale et professionnelle.

Apprenant B
Vous rencontrez votre ami(e) en ville. Il/Elle vous parle de son petit(e) ami(e). Vous répondez aux questions de votre ami(e) sur votre situation familiale et professionnelle.

Bilan linguistique

Grammaire

..../ 40

1. Complétez les phrases avec les articles définis ou indéfinis. ..../ 5

a. C'est .... rue calme.

b. Ce sont .... instruments de Martin.

c. C'est .... appartement de Marilou.

d. Vous travaillez dans .... quartier sympa.

e. C'est .... ville de naissance d'Abel.

2. Conjuguez les verbes au présent. ..../ 5

a. Je .... anglais. (*parler*)

b. Nous .... un quartier sympa. (*habiter*)

c. Il ne .... pas. (*skier*).

d. Vous .... la natation ? (*aimer*)

e. Magali et Léo .... la marche. (*adorer*)

3. Complétez les réponses avec les adjectifs possessifs. ..../ 5

a. – C'est l'appartement de Sofia ?
– Oui, c'est .... appartement.

b. – Comment s'appelle ta fille ?
– .... fille s'appelle Dita.

c. – Les parents de Joe travaillent ?
– Oui, ... parents travaillent.

d. – Le fils de Marie et Antoine est à l'université ?
– Oui, ... fils est à l'université.

e. – Les amis de Matyas et Jacob sont sympas ?
– Oui, ... amis sont très sympas !

4. Transformez l'adjectif si nécessaire. ..../ 5

a. Ma fille est .... (*coiffeur*).

b. Mon frère est .... (*fleuriste*).

c. Ma cousine est .... (*acteur*).

d. Mon oncle est .... (*infirmier*).

e. Ma sœur est .... (*informaticien*).

Vocabulaire

1. Complétez les phrases avec les mots de vocabulaire. ..../5

Avec mon ami, on habite à Cannes. Notre rue est dans un .... très sympa. Nous avons un super appartement. Nous adorons la musique, nous avons deux instruments de musique : un piano et une .... On aime le cinéma aussi, on adore le .... international de Cannes ! On regarde beaucoup de films. Le week-end, on adore marcher sur la .... et nager dans la ....

2. Associez les phrases et les images. ..../5

a. Ta rue est très calme. : .....
b. Marcella adore la danse. : .....
c. Vous aimez le ski ? : .....
d. Avec mes amies, on aime la marche. : .....
e. Akim nage bien. : .....

3. Vrai ou faux ? Lisez et cochez. ..../5

	Vrai	Faux
a. La sœur de ma mère est ma tante.	❏	❏
b. Mon père est le fils de mes grands-parents.	❏	❏
c. Elle étudie à l'université. Elle est étudiante.	❏	❏
d. J'ai deux frères. Je suis fille unique.	❏	❏
e. Le neveu de ma mère est mon cousin.	❏	❏

4. Complétez les phrases avec les mots proposés. ..../5

petits-enfants – petit ami – infirmier – professeure – actrice

a. Mon frère travaille à l'hôpital. Il est ....
b. Ma sœur n'est pas mariée. Son .... s'appelle Marc.
c. Mes grands-parents ont 13 ....
d. Ma mère est .... de cinéma.
e. Ma tante travaille à l'université, elle est ....

1. Compréhension de l'oral

Exercice 4 de l'épreuve

8 points

Vous allez entendre quatre petits dialogues correspondant à quatre situations différentes. Regardez les images. Notez, sous chaque image, le numéro du dialogue qui correspond. Attention, il y a six images (A, B, C, D, E et F) mais seulement quatre dialogues.

Image A

Situation n° ....

Image B

Situation n° ....

Image C

Situation n° ....

Image D

Situation n° ....

Image E

Situation n° ....

Image F

Situation n° ....

2. Compréhension des écrits

Pour répondre aux questions, cochez (✓) la bonne réponse.

Exercice 1 de l'épreuve

6 points

Vous habitez en France. Vous recevez ce message de votre amie Blanche. Lisez le document et répondez aux questions.

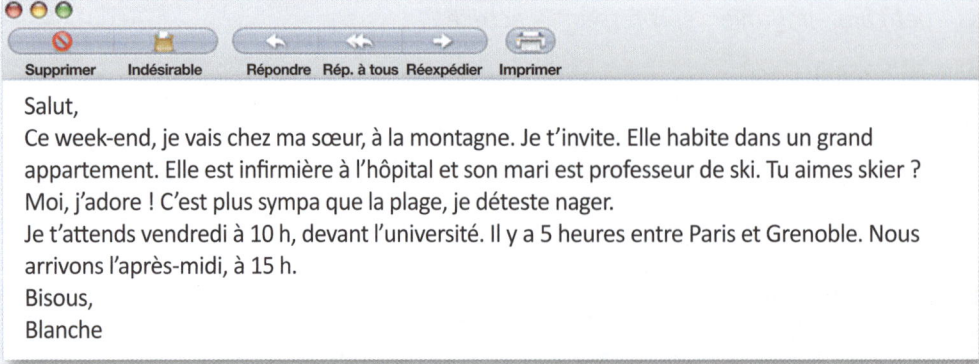

Salut,
Ce week-end, je vais chez ma sœur, à la montagne. Je t'invite. Elle habite dans un grand appartement. Elle est infirmière à l'hôpital et son mari est professeur de ski. Tu aimes skier ?
Moi, j'adore ! C'est plus sympa que la plage, je déteste nager.
Je t'attends vendredi à 10 h, devant l'université. Il y a 5 heures entre Paris et Grenoble. Nous arrivons l'après-midi, à 15 h.
Bisous,
Blanche

1 | Où va Blanche ce week-end ? (1,5 point)

A ❑   B ❑   C ❑

2 | Quelle est la profession de la sœur de Blanche ? (1,5 point)

A ❑   B ❑   C ❑

3 | Blanche adore… (1 point)
  A ❑ skier.   B ❑ nager.   C ❑ marcher.

4 | Vous partez avec Blanche à quelle heure ? (1 point)
  A ❑ À 5 h.   B ❑ À 10 h.   C ❑ À 15 h.

5 | Où est le rendez-vous ? (1 point)
  A ❑ À la gare.   B ❑ À l'hôpital.   C ❑ À l'université.

3. Production écrite

Exercice 2 de l'épreuve   (15 points)

Vous étudiez en France. Vous écrivez sur le forum de l'université. Vous vous présentez, vous parlez de votre famille et de vos loisirs (40 mots minimum).

....
....
....
....
....
....
....

4. Production orale

Partie 2 de l'épreuve : échange d'informations

Vous posez des questions à l'examinateur à partir des mots écrits sur les cartes. Vous ne devez pas réutiliser uniquement le mot mais surtout l'idée.

Profession ?   Quartier ?   Adresse ?   Sport ?   Famille ?   Détester ?

Jeux

1 Recomposez les mots.

a. ba – li – cé – taire : ....
b. é – ma – ri : ....
c. ri – age – ma : ....
d. tit – pe – mi – a : ....
e. tu – di – ant – é : ....
f. ts – fan – en : ....

2 Trouvez dans la grille, 6 noms de professions au masculin.

E	D	C	F	A	E	U	R	I	S	F	E	O
V	O	R	X	C	G	J	I	N	I	L	I	K
A	T	E	Z	T	L	K	V	F	N	E	S	D
C	N	F	O	E	M	A	T	I	C	U	E	N
O	D	F	G	U	J	P	H	R	O	R	I	I
I	N	F	O	R	M	A	T	I	C	I	E	N
F	Q	Q	D	F	Y	O	I	I	T	S	H	F
F	N	A	E	Y	U	F	O	E	R	T	R	I
E	U	T	P	R	O	F	E	S	S	E	U	R
U	M	C	N	L	I	S	U	Z	I	E	I	M
R	N	E	P	O	K	S	H	K	R	U	E	I
U	I	U	H	V	Y	U	T	L	M	C	P	E
R	T	R	J	T	Y	R	E	M	F	I	M	R

3 Conjuguez et écrivez les verbes dans la grille.

a. travailler : elles   b. nager : je   c. danser : il   d. étudier : tu
1. adorer : elle   2. parler : nous   3. aimer : ils   4. détester : vous

4 Par deux, préparez des devinettes, comme dans l'exemple.

Exemple : *C'est le père de ta mère.*
→ *C'est mon grand-père.*

Unité 3

Qu'est-ce qu'on mange ?

Grammaire

▷ Le singulier et le pluriel des noms — p. 47

1. Lisez et classez les noms dans le tableau.

baguette – abricots – tomates – courgette – pâtes – panier – poulet

Singulier	Pluriel
....	....
....	....
....	....

2. Écoutez et soulignez la bonne réponse. 28

a. yaourt / yaourts
b. panier / paniers
c. œuf / œufs
d. poivron / poivrons
e. produit / produits
f. formule / formules

3. Soulignez la bonne réponse.

a. J'aime les *fruit / fruits* de saison.
b. Il y a une *boulangerie / boulangeries* ici ?
c. Le *poissonnier / poissonniers* est très sympa.
d. J'achète mes *légume / légumes* au marché.
e. Deux *fromage / fromages* de chèvre, s'il vous plaît.

4. Complétez avec les noms au singulier ou au pluriel.

Exemple : J'achète un croissant. → Tu achètes trois **croissants**.

a. Je mange une .... → Tu manges deux pêches.
b. Lydia achète un kilo de pommes. → Son ami achète trois .... de pommes.
c. Marie a une .... bleue. → Claude a deux cartes bleues.
d. Dans mon quartier, il y a une épicerie. → Dans ton quartier, il y a trois ....
e. Je paie un .... de riz. → Tu paies deux paquets de riz.

Grammaire

▸ Les prépositions de lieu (1) — p. 48

1. Écoutez et choisissez la bonne réponse. 29

chez le	chez l'	au	à la	à l'	aux
a					

2. Associez.

On va…

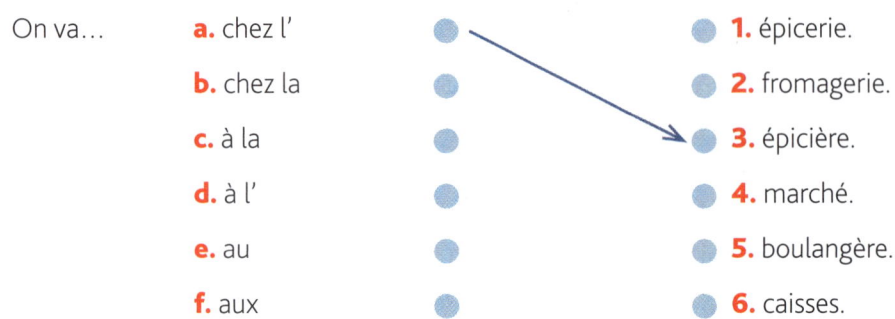

a. chez l'   1. épicerie.
b. chez la   2. fromagerie.
c. à la   3. épicière.
d. à l'   4. marché.
e. au   5. boulangère.
f. aux   6. caisses.

3. Soulignez la bonne réponse.

a. Pour le fromage, je vais *à la / chez la* fromagère.

b. J'achète ma viande *à la / chez la* boucherie.

c. Avec mon mari, on va *au / chez le* marché le dimanche.

d. Il y a beaucoup de monde *à l' / chez l'* épicier.

e. J'aime payer *aux / chez les* caisses automatiques.

f. Le dimanche, on achète les croissants *à la / chez la* boulangerie.

4. Complétez les dialogues avec *à*, *au*, *chez*.

a. – Allô, Samira, tu es où ?
   – Salut. Je suis .... la fromagère.

b. – Nous allons .... marché samedi ?
   – Non, je ne suis pas là samedi.

c. – Vous payez comment .... supermarché ?
   – Par carte bancaire.

d. – J'achète le pain ?
   – Non, c'est bon, je vais .... la boulangerie.

e. – On achète où le poulet ?
   – On va .... le boucher.

5. Conjuguez les verbes au présent.

a. Tu .... (*payer*) ton panier en ligne ?

b. Elles .... (*acheter*) le fromage chez le fromager.

c. Je .... (*aller*) à la boulangerie et j'achète le pain.

d. Vous .... (*payer*) comment, Monsieur ?

e. Mon fils .... (*acheter*) le pain au marché.

f. Vous .... (*aller*) où pour faire vos courses ?

Vocabulaire

Les commerces, la nourriture — p. 49

1. Complétez les deux listes avec les mots proposés.

la poissonnerie – la fromagerie – la bouchère – la poissonnière – la boucherie – la fromagère

Les commerces : *la poissonnerie* ; .... ; ....

Les commerçants : .... ; .... ; ....

2. Complétez les phrases avec les aliments sur les images.

a. Le matin, je mange deux ....

b. Je n'aime pas les ....

c. Je voudrais deux kilos de .... , s'il vous plaît.

d. Je vais au marché pour acheter des .... et des ....

e. J'adore le .... mais je n'aime pas la ....

3. Écoutez et complétez les phrases. 30

a. Je voudrais une .... de thon, s'il vous plaît !

b. Vous payez par .... ou en .... ?

c. J'ai un .... de pâtes.

d. Tu achètes un .... de crème, s'il te plaît ?

e. Je n'aime pas le .... de chèvre.

f. Combien coûte la ...., s'il vous plaît ?

Phonie-graphie — Les voyelles [i], [y], [u]

1. Écoutez les phrases et indiquez combien de fois vous entendez [i], [y], [u]. 31
Puis, répétez les phrases.

	[i]	[y]	[u]
a. Je voudrais le menu du jour s'il vous plaît.	1	2	3
b. Nous proposons tous les midis des formules avec des légumes.			
c. Voici la liste des courses pour l'épicerie.			
d. Dimanche, Arthur organise un pique-nique avec ses amis.			
e. Tu aimes beaucoup les cerises, les abricots et les kiwis.			

2. Écoutez et complétez le texte avec les graphies correctes. 32

Lund........, L........cie fait une l........ste de c........rses. Elle va à la b........langerie et au s........permarché. Elle achète un pain, un p........let, deux b........teilles de j........s de pommes et beauc........p de lég........mes.

Grammaire

▶ La quantité non définie —————————————— p. 53

1. Écoutez et cochez. 33

	du	de la	de l'	des	un peu de	beaucoup de	pas de
pâtes				✗			
beurre							
légumes							
huile d'olive							
fruits							
crème							
viande							

2. Soulignez la bonne réponse.

   a. Nous mangeons *de la / de l'* viande au restaurant.

   b. Je voudrais *de la / du* café.

   c. Il y a *de la / de* glace ?

   d. Dans ma quiche, il y a un peu *de / du* sel.

   e. Tu commandes *de l' / d'* eau, s'il te plaît ?

3. Complétez les phrases avec *de la, de l', du, des, de, d'*.

   a. Isa adore le poisson, elle mange ………… poisson à la maison et au restaurant.

   b. Jean-Pierre aime les pâtes, il mange beaucoup ………… pâtes.

   c. Je suis végétarienne, je ne mange pas ………… viande.

   d. Mes enfants mangent ………… glace après le repas.

   e. Alexandra achète ………… huile bio.

4. Transformez les verbes avec les sujets proposés.

   Exemple : Je mange beaucoup de fruits. → Ils ***mangent*** beaucoup de fruits.

   a. Vous faites les courses au marché. → Nous ………… les courses au marché.

   b. Tu manges avec nous ? → Vous ………… avec nous ?

   c. Je fais la cuisine aujourd'hui ! → Nous ………… la cuisine aujourd'hui !

   d. Elle ne mange pas au restaurant. → Elles ne ………… pas au restaurant.

   e. Je ne mange pas le soir → Nous ne ………… pas le soir.

   f. Il fait les courses chez l'épicier. → Ils ………… les courses chez l'épicier.

Grammaire

▸ Les verbes en -ir (2ᵉ groupe) au présent (1) ——— p. 54

1. Complétez les phrases avec *Je, Tu, Elle, Nous, Vous, Ils*.

    a. .... choisissons le plat.

    b. .... finit le café.

    c. .... ne finis pas mon assiette.

    d. .... choisis ton dessert ?

    e. .... choisissent l'entrée.

    f. .... finissez la salade ?

2. Complétez les phrases avec les verbes proposés.

choisit – finissent – finis – choisissez – choisissent

    a. Les enfants, vous .... : on mange à la maison ou au restaurant ?

    b. Pourquoi les enfants ne .... pas leur assiette ?

    c. Mes parents .... le restaurant pour mon anniversaire !

    d. Je .... le dessert et on commande un café ?

    e. Mon mari .... le plat du jour et moi, le magret de canard.

3. Complétez les terminaisons des verbes.

    a. Mes amis et moi, nous choisiss........ nos plats en ligne.

    b. Tu chois........ quel plat ?

    c. Je ne fin........ pas mon assiette, désolée.

    d. Vous finiss........ la mousse au chocolat ?

    e. Mes enfants choisiss........ toujours le steack-frites au restaurant.

4. Écoutez et complétez les phrases avec les verbes *choisir* ou *finir*.

    Exemple : Qui *choisit* le restaurant pour aujourd'hui ?

    a. On .... les courses et on va à la maison !

    b. Mon fils .... le plat du jour et moi la blanquette de veau.

    c. Vous ne .... pas votre omelette ?

    d. Nous .... le croque-monsieur végétarien en entrée, s'il vous plaît.

    e. Je .... ma salade et je mange le riz au lait en dessert.

Vocabulaire

Les repas — p. 55

1. Associez les images et les mots.

a. une assiette : *2*

b. une carafe d'eau : ....

c. un couteau : ....

d. une cuillère : ....

e. une fourchette : ....

f. un verre : ....

1.   2.   3.   4.   5.   6.

2. Remettez les actions dans l'ordre.

a. manger le plat : ....

b. payer l'addition : ....

c. lire la carte : *1*

d. manger le dessert : ....

e. commander : ....

f. manger l'entrée : ....

3. Soulignez la bonne réponse.

a. Je paie *le restaurant* / *l'addition*.

b. Je voudrais *une tarte aux pommes* / *une quiche* en dessert.

c. En plat du jour, nous avons *le magret de canard* / *le riz au lait*.

d. Je mange *la glace* / *les frites* avec la cuillère.

e. Comme boisson, je voudrais *un jus de fruits* / *une omelette*.

4. Écoutez et complétez le dialogue au restaurant. 🎧 35

Le client : Je voudrais ...., s'il vous plaît.

Le serveur : Très bien. Il y a un .... à 16 euros avec le .... et le ....

Le client : Ok, alors je prends le .... aussi. Et de l'.................., s'il vous plaît.

Phonie-graphie — L'intonation montante et descendante

1. Écoutez le dialogue et complétez avec « ? » ou « . ». 🎧 36

a. – J'aime bien manger du poisson......... Et toi.........
– Moi je préfère manger de la viande.........

b. – Qu'est-ce que tu choisis.........
– La blanquette de veau.........

c. – Et tu manges toujours un dessert.........
– Oui j'adore les desserts.........

d. – Tu voudrais un café......... Un thé.........
– Je préfère un thé......... Je n'aime pas le café......... Et toi.........
– Je voudrais un café.........

2. Jouez le dialogue à deux avec la bonne intonation montante (↑) ou descendante (↓).

Compréhension orale

Qu'est-ce qu'on mange ?

Écoutez et répondez aux questions. 37

1. Qui parle ?
  ❏ Un couple.   ❏ Des amis.

2. Qui prépare le plat principal ?
  ❏ L'homme.   ❏ La femme.

3. Qu'est-ce qu'ils choisissent ?
  a. ❏ Une quiche.   ❏ Une omelette.
  b. ❏ Une salade de tomates.   ❏ Une salade verte.
  c. ❏ Une tarte aux abricots. ❏ Une tarte aux pommes.

4. Où l'homme va pour acheter de la glace ?

....

Production écrite

Lisez le message et répondez à Lina.

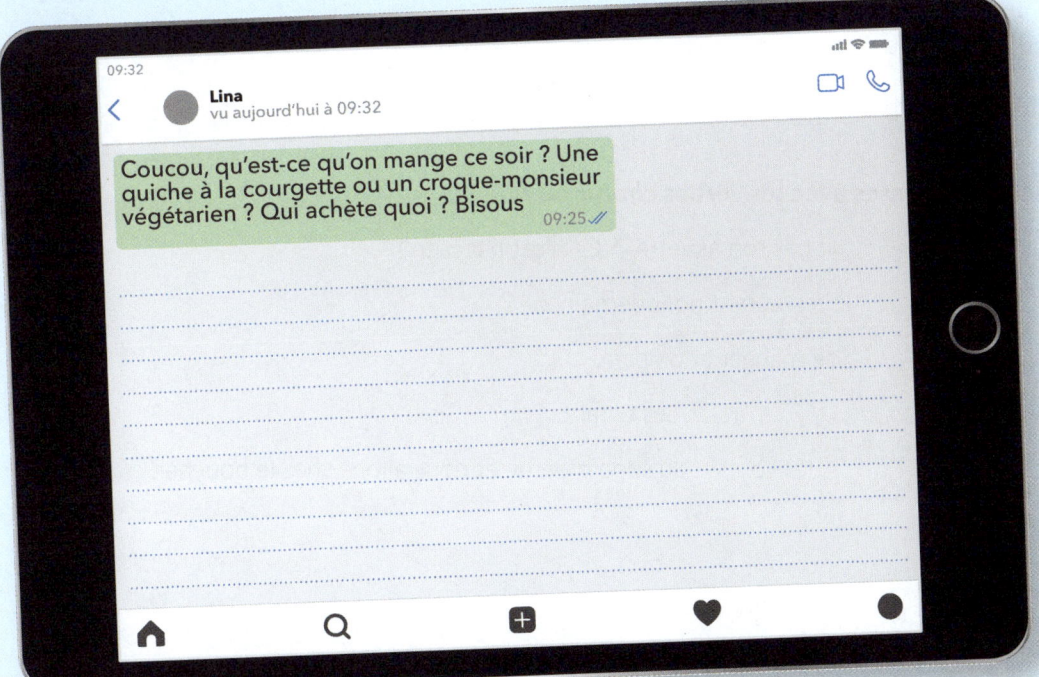

Bilan linguistique

..../ 40

Grammaire

1. Souslignez la bonne réponse. ..../ 5

a. Il y a des *œuf / oeufs* dans la quiche ?

b. On achète un *poulet / poulets* au marché.

c. Le *panier / paniers* est disponible chez le fleuriste.

d. Je voudrais trois *pot de crème / pots de crème*, s'il vous plaît.

e. Tu achètes une *bouteille / bouteilles* d'huile d'olive.

2. Complétez les phrases avec *chez le, chez la, au, à l', aux*. ..../ 5

a. Je paie .... caisses automatiques.

b. Le dimanche, nous allons .... boulanger.

c. Vous faites vos courses .... supermarché ?

d. Pour l'huile, on va .... épicerie bio.

e. Tu achètes le fromage .... fromagère ?

3. Complétez les phrases avec *du, de la, de l', des, de*. ..../ 5

a. On mange .... poisson aujourd'hui ?

b. Je voudrais .... eau, s'il vous plaît.

c. Nous avons .... pommes de terre ?

d. Il y a .... salade pour le dîner.

e. Vous mangez beaucoup .... légumes !

4. Complétez les phrases avec les verbes *choisir* ou *finir*. ..../ 5

a. Tu ne .... pas ton assiette ? Ce n'est pas bien !

b. Je .... le restaurant pour demain, ok ?

c. On .... de manger et on paie.

d. Quel dessert vous .... les enfants ?

e. Nous .... les courses au supermarché et nous allons chez le boucher.

Vocabulaire

1. Complétez les phrases. ..../5

a. Pour acheter le pain, je vais à la ....

b. Le fromager travaille dans une ....

c. Pour le poisson, je vais chez la ....

d. Je ne paie pas en espèces, je paie par ....

e. À la boucherie, j'achète de la ....

2. Associez. ..../5

a. une boîte de   **1.** riz
b. un paquet de   **2.** jus de pomme
c. une bouteille de   **3.** crème
d. un kilo de   **4.** thon
e. un pot de   **5.** poires

3. Classez les noms de plats dans le tableau. ..../5

le magret de canard – le riz au lait – la mousse au chocolat – la quiche – la blanquette de veau.

Plat principal	Dessert
....	....
....	....
....	....

4. Associez les débuts et les fins de phrases. ..../5

a. Je voudrais payer,   **1.** je demande une carafe d'eau.
b. Je voudrais de l'eau,   **2.** je commande un dessert.
c. Je finis le plat principal et   **3.** je demande l'addition.
d. Pour choisir mes plats,   **4.** avec un couteau et une fourchette.
e. Je mange mon steack-frites   **5.** je regarde la carte.

DELF A1

1. Compréhension de l'oral

Vous allez écouter un document. Pour répondre aux questions, cochez (✓) la bonne réponse.

Exercice 1 de l'épreuve — 4 points

Lisez les questions. Écoutez le document puis répondez. Vous écoutez le message suivant sur votre répondeur téléphonique.

1 | Vous allez où ? *(1 point)*

A ☐   B ☐   C ☐

2 | Le rendez-vous est… *(1 point)*
- A ☐ lundi.
- B ☐ dimanche.
- C ☐ mercredi.

3 | Qu'est-ce que vous devez apporter ? *(1 point)*

A ☐   B ☐   C ☐

4 | Vous devez arriver… *(1 point)*
- A ☐ à 13 h.
- B ☐ à 15 h.
- C ☐ à 18 h.

2. Compréhension des écrits

Pour répondre aux questions, cochez (✓) la bonne réponse.

Exercice 3 de l'épreuve — 6 points

Vous travaillez au Canada. Vous lisez ces annonces sur le panneau d'affichage de votre entreprise. Répondez aux questions.

À la carte

Plats végans.
Ouvert pendant
les pauses-déjeuner,
du lundi au vendredi.

Ateliers cuisine

Apprenez à cuisiner
avec vos collègues !
Le week-end,
de 14 h à 18 h.

Cantine francophone

Lundi et jeudi
à partir de 15 h :
découverte de desserts
francophones.

Boulangerie française

Mangez pains au chocolat
et croissants !
Ouverte l'après-midi,
entre 13 h 30 et 19 h 30.

Marché au bureau

Tous les premiers lundis du mois.
Légumes et fruits du jardin.
Renseignements :
marcheaubureau@gmail.com

---

1 | Que pouvez-vous faire le week-end ? `1 point`
  A ☐ Travailler au restaurant. B ☐ Cuisiner en groupe. C ☐ Découvrir la cuisine végane.

2 | À quelle heure ferme la boulangerie ? `1,5 point`
  A ☐ À 13 h. B ☐ À 19 h 30. C ☐ À 20 h.

3 | Vous pouvez manger végan… `1 point`
  A ☐ Au déjeuner. B ☐ Au goûter. C ☐ Au dîner.

4 | Que pouvez-vous faire une fois par mois ? `1 point`
  A ☐ Aller au restaurant. B ☐ Manger des croissants. C ☐ Acheter des légumes.

5 | La cantine francophone ouvre… `1,5 point`
  A ☐ à 13 h. B ☐ à 14 h. C ☐ à 15 h.

3. Production écrite

Exercice 1 de l'épreuve `10 points`

Vous êtes en vacances en Suisse. Vous remplissez ce formulaire pour vous inscrire à un cours de cuisine.

```
Nom : XXXXXXXXXXXXXXXXX
Prénom : ........................................................................ / 1
Date de naissance : ..................................................... / 1
Nationalité : .................................................................. / 1
Courriel : ...................................................................... / 1
Adresse (numéro et rue) : ............................................ / 1
Pays : ........................................................................... / 1
Téléphone : .................................................................. / 1
Profession : .................................................................. / 1
Plats préférés :
 – ................................................................................. / 1
 – ................................................................................. / 1
```

4. Production orale

Partie 3 de l'épreuve : dialogue simulé ou jeu de rôle

Au restaurant
Vous êtes en vacances en France. Vous allez au restaurant avec vos amis. Vous posez des questions sur les plats et les prix. Vous choisissez des plats et vous payez.

Jeux

1
Par groupes, faites la liste des courses. Vous répétez les mots de votre voisin(e) et vous dites un autre mot.

Exemple :
Personne 1 : J'achète de la viande.
Personne 2 : J'achète de la viande et des tomates.
Personne 3 : J'achète de la viande, des tomates et du pain...

2
Regardez les images et complétez la grille avec les noms d'aliments.

1 → P O I S S O N

3
Associez les sujets et les verbes (plusieurs possibilités).

JE — CHOISISSENT — NOUS — VAIS — TU — IL — CHOISIT — ILS — VONT — ALLONS — MANGEZ — ELLES — VOUS — ELLE — ON — PAIE — VAS — MANGENT

4
Complétez les noms.

– Commerçant(e)s :
a. **POISSO**NNIÈRE
b. _ _ _ _ _ NGER

– Commerces :
a. _ _ _ _ HERIE
b. _ _ _ _ _ _ GERIE

– Vaisselle :
a. _ _ _ _ _ HETTE
b. _ _ _ IETTE

– Plats :
a. _ _ _ LETTE
b. _ _ _ CHE

Unité 4

C'est où ?

Grammaire

▷ C'est un(e) – Il / Elle est — p. 61

1. Soulignez la bonne réponse.

a. *Il est / C'est* un touriste.
b. *Il est / C'est* allemand.
c. *Elle est / C'est* la ville de Toulouse sur la photo ?
d. Rouen ? *C'est / Elle est* une ville française.
e. *Ce sont / C'est* des artistes internationaux.

2. Complétez les phrases avec *c'est* ou *il /elle est*.

a. ………………. la rue Victor-Hugo.
b. L'artiste s'appelle Snek et ………………. grenoblois.
c. « Street Art Fest Grenoble – Alpes », ………………. un festival international.
d. Toulouse, ………………. la ville rose.
e. Ici, ………………. l'école du quartier.

3. Associez pour former une phrase.

a. C'est
b. Ce sont
c. Il est
d. Elle est

1. des artistes parisiens.
2. grande, la place de la République ?
3. une visite d'une heure.
4. dynamique le centre-ville ?

4. Écoutez et complétez les phrases avec *c'est* ou *ce sont*, *il /elle est*. 39

Pedro : Voilà, ici, ………………. mon quartier.
Andréa : ………………. sympa ?
Pedro : Oui, ………………. très agréable et il y a beaucoup de monuments historiques !
Andréa : Ah oui, ………………. beau le bâtiment ici, qu'est-ce que c'est ?
Pedro : ………………. la mairie ! Et là, à côté, ………………. les jardins de Sainte-Cécile ! Et voilà ma rue.
Andréa : C'est ta rue ? ………………. belle !

quarante-trois | 43

Grammaire

▸ La fréquence (1) — p. 62

1. Soulignez la bonne réponse.

a. Lundi, mardi et mercredi, Jonathan va à la bibliothèque. Il va *toujours / souvent* à la bibliothèque.

b. Annabelle marche beaucoup le samedi et le dimanche. Elle marche *jamais / souvent* le weekend.

c. À Paris, il y a *toujours / jamais* beaucoup de touristes.

d. On ne va *toujours / jamais* au musée le mardi. Les musées ferment le mardi dans mon pays.

e. José est professeur d'histoire. Il visite *souvent / jamais* des monuments historiques.

2. Écoutez et cochez la bonne réponse. 40

a. Il va au théâtre.
❏ souvent ❏ toujours ❏ jamais

b. Il fait les courses au centre-ville.
❏ souvent ❏ toujours ❏ jamais

c. Il va à la bibliothèque.
❏ souvent ❏ toujours ❏ jamais

d. Il va au cinéma en semaine.
❏ souvent ❏ toujours ❏ jamais

e. Il marche le dimanche.
❏ souvent ❏ toujours ❏ jamais

3. Lisez les descriptions et cochez vrai ou faux.

> • Linda adore la nature, elle marche beaucoup dans les parcs et dans les jardins et elle va à la montagne le weekend. Elle déteste la ville et elle n'aime pas les activités culturelles.
> • Isabelle va dans différentes villes pendant ses vacances et le week-end, elle regarde des bâtiments historiques, visite des églises. Elle n'aime pas marcher dans la nature.

	Vrai	Faux
a. Linda marche souvent dans la nature.	❏	❏
b. Linda ne va jamais à la montagne le week-end.	❏	❏
c. Linda va toujours au musée le dimanche.	❏	❏
d. Isabelle visite souvent des villes.	❏	❏
e. Isabelle ne visite jamais d'églises.	❏	❏
f. Isabelle va toujours marcher dans la nature le week-end.	❏	❏

4. Transformez les phrases. Utilisez les mots proposés.

Exemple : Jacques marche **toujours** le dimanche.

a. Le théâtre propose un programme intéressant. (*souvent*)

....

b. Ma mère va à la bibliothèque le samedi. (*jamais*)

....

c. Je prends le pont Saint-Laurent. (*toujours*)

....

d. Avec ma classe, on va au musée. (*souvent*)

....

e. Nous allons au théâtre. (*jamais*)

....

Vocabulaire

La ville — p. 63

1. Observez les images et soulignez la bonne réponse.

a.

b.

c.

d.

e.

f.

a. Il est à la *gare* / *banque*.
b. Son appartement n'est pas loin du *fleuve* / *boulevard*.
c. Ils sont au *théâtre* / *musée*.
d. Ils habitent en *ville* / *banlieue*.
e. Ils marchent sur le *quai* / *pont*.
f. Il habite *place* / *avenue* de la Liberté.

2. Complétez les phrases avec les mots proposés.

théâtre – bibliothèque – musée – parcs – école – jardins – gare

a. Je prends le train à la .... de Nice.
b. On va à la .... ? Je voudrais lire le livre de Gaël Faye !
c. Mon mari est acteur, il travaille au .... du centre-ville.
d. J'adore marcher dans des .... et des .... en ville.
e. Comment ça va à l'..........................., les enfants ?
f. L'exposition au .... d'art moderne est intéressante ?

3. Écoutez et associez les phrases aux images. 🎧 41

Phonie-graphie — Les voyelles nasales [ɛ̃] et [ɑ̃]

Écoutez les phrases et indiquez combien de fois vous entendez [ɛ̃] et [ɑ̃]. 🎧 42
Puis, répétez les phrases.

	[ɛ̃]	[ɑ̃]
a. J'habite dans un quartier sympa.	2	1
b. Martin va souvent dans les magasins.		
c. Le dimanche, les habitants marchent dans les jardins du centre-ville.		
d. En France, de juin à septembre, c'est l'été !		
e. Tous les matins, je prends les transports en commun.		

Grammaire

▶ L'impératif p. 67

1. Lisez et classez les phrases dans le tableau.

   a. Tu prends le bus ?
   b. Allez tout droit.
   c. Nous n'avons pas de ticket.
   d. Regarde le bâtiment ici !
   e. Vous montez dans le tram.

Le présent de l'indicatif	L'impératif
a	

2. Conjuguez les verbes à l'impératif.

   a. Tu – prendre. ....
   b. Nous – traverser. ....
   c. Vous – être. ....
   d. Tu – aller. ....
   e. Nous – avoir. ....
   f. Vous – acheter. ....

3. Transformez les phrases à l'impératif.

   Exemple : Vous tournez à droite. *Tournez à droite.*

   a. Tu fais attention dans la rue, s'il te plaît. ....
   b. Nous prenons le bus aujourd'hui. ....
   c. Vous allez à pied à la gare. ....
   d. Tu es calme en voiture. ....
   e. Nous regardons le plan sur le téléphone. ....
   f. Vous cherchez l'itinéraire sur Internet. ....

4. Écoutez et complétez les dialogues. 43

   a. – S'il vous plaît, je cherche l'arrêt de bus 61.
      – C'est simple ! .... tout droit et .... la première à droite.
   b. – On prend le tram ?
      – Non, ce n'est pas loin, ...!
   c. – David, elle est loin la gare ?
      – Oui, c'est un peu loin. ...., il y a l'arrêt de tram B, ... dans le tram et .... à la gare.

5. Complétez avec la forme correcte du verbe *prendre* au présent.

   a. Mathieu et Adeline .... le tram.
   b. Mes parents et moi, nous .... le train dimanche !
   c. Je ne .... pas le métro aujourd'hui.
   d. Vous .... la voiture.
   e. Romain, il ne .... pas souvent le bus.

Grammaire

▸ Les connecteurs *pour, parce que, mais, avec, sans* ──── p. 68

1. Souslignez la bonne réponse.

   a. Pour aller loin, la voiture c'est pratique *mais / parce que* ce n'est pas écologique.

   b. On préfère le centre-ville *parce que / sans* voitures.

   c. *Avec / sans* ma femme, on prend le bus le matin.

   d. *Pour / Parce qu'* aller à l'école, nous ne prenons pas la trottinette.

   e. Je ne vais pas à pied à l'université *pour / parce que* c'est loin.

2. Écoutez et complétez avec *pour, parce que/parce qu', mais, avec*.

   a. Je vais chez mes grands-parents en train .... mes cousins.

   b. Je n'achète pas de ticket .... j'ai ma carte.

   c. .... aller chez toi, je prends le tram ?

   d. Je n'aime pas ton itinéraire .... il est long !

   e. Il y a beaucoup de pollution dans cette ville .... elle est magnifique.

3. Associez pour former des phrases.

   a. Aller à la montagne sans   **1.** mes amis.
   b. On fait souvent du covoiturage avec   **2.** voiture, c'est compliqué.
   c. Prends le vélo pour   **3.** je prends souvent le bus.
   d. Je préfère prendre le train parce que   **4.** c'est écologique.
   e. J'ai une voiture mais   **5.** aller au centre-ville.
   f. Comment se déplacer sans   **6.** polluer ?

4. Complétez avec *pour, parce que/parce qu', mais, avec, sans*.

   a. – C'est facile de se déplacer sans voiture dans ta ville ?
   – Oui, c'est très facile .... il y a le tram, le bus et le métro.

   b. – J'adore le covoiturage. Et toi ?
   – Oui, moi aussi, c'est super de parler .... des gens différents.

   c. – Tu préfères le vélo ou marcher ?
   – Dans la ville, je marche à pied mais .... aller au travail, je prends mon vélo.

   d. – Vous prenez souvent le tram ?
   – Oui, je prends le tram pour aller à l'université .... je prends ma voiture pour faire mes courses.

   e. – Tu as une trottinette ?
   – Oui, j'aime beaucoup ma trottinette .... c'est pratique et écologique.

   f. – Tu prends souvent ta voiture ?
   – Oui, je vais souvent à la montagne et ce n'est pas pratique .... voiture.

Vocabulaire

Les transports et les nombres (3) — p. 69

1. Regardez l'image et complétez la légende avec des mots de la liste (il y a deux intrus).

à pied – à trottinette – à vélo – en bus – en métro – en train – en voiture

a. ....
b. ....
c. ....
d. ....
e. ....

2. Associez.

a. 2 222 000 •   • 1. deux milliards deux cents vingt-deux mille
b. 2 000 222 000 •   • 2. deux millions deux cent vingt-deux
c. 2 000 222 •   • 3. deux millions deux cent vingt-deux mille
d. 2 222 000 000 •   • 4. deux milliards deux cent vingt-deux millions
e. 222 •   • 5. deux mille deux cent vingt-deux
f. 2 222 •   • 6. deux cent vingt-deux

3. Écoutez et complétez avec les mots et les nombres. 45

a. .... personnes utilisent les transports en commun dans notre ville.

b. Tu regardes souvent ton .... sur internet ?

c. À Bordeaux, il y a .... habitants.

d. Votre .... s'il vous plaît.

e. Faites du ...., c'est pratique et écologique !

Phonie-graphie   Les voyelles nasales [ã] et [ɔ̃]

Écoutez les phrases et indiquez combien de fois vous entendez [ã] et [ɔ̃].  46
Puis, répétez les phrases.

	[ã]	[ɔ̃]
a. Nous prenons souvent les transports.	2	1
b. Pendant les vacances nous allons en Espagne en avion.		
c. Avec la carte de transport, les étudiants vont à l'université à Lyon.		
d. Au Luxembourg, les transports en commun sont gratuits.		
e. Nous utilisons des applications pour visiter la France.		

Compréhension écrite

J'attends votre visite !

Lisez le post de Lena et répondez aux questions.

Lena45

Des nouvelles de Rennes !
J'habite à Rennes maintenant ! Mon quartier n'est pas loin du centre-ville et il est très sympa. J'adore la ville parce qu'il y a beaucoup de bâtiments historiques, des théâtres, des musées, des églises… Il y a toujours des choses à visiter. Je suis à 5 minutes de la place de la Mairie mais ma rue est très calme. Je marche beaucoup et le week-end, je prends souvent mon vélo pour aller dans la nature. Voilà ma vie à Rennes ! J'attends votre visite ! Ne prenez pas votre voiture, prenez le train pour venir à Rennes, pour aller de la gare jusqu'à chez moi c'est très facile. J'habite à 15 minutes à pied ou à 5 minutes en métro !
#rennes #jadoremaville
@leocamarit @jainporaz @malinkabel

1. Lisez et cochez vrai ou faux.

	Vrai	Faux
a. Lena habite à Rennes.	❏	❏
b. Lena n'aime pas son quartier.	❏	❏
c. À Rennes, il y a beaucoup de monuments.	❏	❏

2. Choisissez la bonne réponse.

a. Lena…
❏ habite loin de la place de la Mairie.
❏ n'habite pas loin de la place de la Mairie.
❏ habite place de la Mairie.

b. Le week-end, Lena…
❏ prend souvent le vélo pour aller dans la nature.
❏ ne prend jamais le vélo pour aller dans la nature.
❏ prend toujours le train pour visiter une ville.

c. Pour aller à Rennes, Lena propose de…
❏ prendre la voiture.
❏ prendre le train.
❏ prendre le bus.

d. De la gare, on peut aller chez Lena… (2 réponses)
❏ à pied.
❏ en bus.
❏ en métro.

Production orale

JEUX DE RÔLE
À deux. Choisissez la fiche A ou B. Lisez les informations de votre fiche et jouez la scène avec votre partenaire.

Apprenant A
Un(e) ami(e) arrive dans votre ville. Il vous demande des informations : quels sont les quartiers sympas, où sont les commerces et quels sont les lieux culturels et les monuments historiques intéressants. Vous présentez votre ville.

Apprenant B
Vous allez rendre visite à un(e) ami(e). Vous ne connaissez pas la ville et vous posez des questions : quels sont les quartiers sympas, où sont les commerces et quels sont les lieux culturels et les monuments historiques intéressants.

Bilan linguistique

..../ 40

Grammaire

1. Complétez avec *c'est, ce sont, il/elle est*. ..../ 5

a. Il s'appelle Banksy. .... un artiste de street art.

b. Voici la mairie de Paris. .... grande !

c. Québec et Montréal, ... des villes sympas.

d. J'adore le musée d'Arts de Nantes. .... très intéressant.

e. Mon quartier, ... le quartier Saint-Jean.

2. Mettez les éléments de la phrase dans l'ordre. ..../ 5

a. à la bibliothèque ?/ Tu ne vas / jamais /

....

b. pour aller / Je prends / à l'école / toujours / le bus

....

c. souvent / Avec mes parents, / au musée. /on va

....

d. souvent / des visites guidées / L'Office du tourisme / organise

....

e. Vous n'allez / au théâtre ? / jamais

....

3. Transformez les phrases à l'impératif. ..../ 5

a. Tu vas à l'école à pied. ....

b. Nous montons dans le bus. ....

c. Vous êtes sympas. ....

d. Tu as du courage. ....

e. Tu ne regardes pas sur internet. ....

4. Complétez les phrases avec *pour, mais, sans, avec, parce qu'*. ..../ 5

a. Attendez, je prends le tram .... vous !

b. .... voiture, c'est difficile d'aller à mon travail.

c. Quels transports vous utilisez .... aller chez vous ?

d. Je préfère habiter en ville .... il y a beaucoup de choses à faire.

e. Mon appartement est au centre-ville .... il est calme.

50 | cinquante

Vocabulaire

1. Complétez les phrases avec les noms de lieux de la ville. ..../5

a. Je n'habite pas au centre-ville, j'habite en ....

b. On va au .... ? Il y a une exposition de Picasso, elle est super !

c. Je vais chercher le livre de Murakami à la ....

d. Tu prends le train à la .... de Grenoble ?

e. Les enfants vont à l'..................... et les étudiants à l'université.

2. Répondez par vrai ou faux. ..../5

	Vrai	Faux
a. Le pont est un bâtiment.	❑	❑
b. Le centre-ville est un quartier de la ville.	❑	❑
c. Les policiers travaillent à la poste.	❑	❑
d. On marche sur un fleuve.	❑	❑
e. Il y a beaucoup de touristes à Paris.	❑	❑

3. Complétez les phrases avec les mots proposés. ..../5

train – arrêt – à pied – ticket – covoiturage

a. Je prends le bus à l'..................... Gambetta.

b. Avant de monter dans le bus, achète un ....

c. Pour aller dans une autre ville, je prends le ....

d. En ...., il y a plusieurs personnes dans la voiture.

e. J'aime marcher, je vais souvent à mon école ....

4. Écrivez les nombres en chiffres. ..../5

Nombres en lettres	Nombres en chiffres
a. trois cent quarante-cinq	
b. six mille trois cent vingt-neuf	
c. mille six cent soixante-et-un	
d. huit milliards	
e. un million sept cent mille	

1. Compréhension de l'oral

Vous allez écouter un document. Pour répondre aux questions, cochez (✓) la bonne réponse.

Exercice 2 de l'épreuve

(4 points)

Lisez les questions. Écoutez le document puis répondez. Vous êtes en France. Vous entendez ce message à l'arrêt de tram.

1 | Ce message est pour les passagers… *(1 point)*
   A ❑ du tram A.   B ❑ du tram B.   C ❑ du tram C.

2 | Le retard est de… *(1 point)*
   A ❑ 1 heure.   B ❑ 2 heures.   C ❑ 3 heures.

3 | Qu'est-ce que vous pouvez faire ? *(1 point)*

A ❑   B ❑   C ❑

4 | Le bus 2 est à côté de… *(1 point)*

A ❑   B ❑   C ❑

2. Compréhension des écrits

Pour répondre aux questions, cochez (✓) la bonne réponse.

Exercice 2 de l'épreuve

(6 points)

Vous êtes en France, à l'office du tourisme. Vous lisez le panneau suivant. Répondez aux questions.

1 | Les visites sont… *(1 point)*
   A ❑ le lundi.
   B ❑ le mardi.
   C ❑ le mercredi.

2 | À quelle heure se termine la visite du week-end ? *(1 point)*
   A ❑ À 17 h.
   B ❑ À 18 h.
   C ❑ À 20 h.

3 | Pour réserver, vous devez… *(1 point)*
   A ❑ téléphoner.
   B ❑ aller au musée.
   C ❑ envoyer un mail.

**EXPOSITION
HISTOIRE DE GRENOBLE**

À partir du **17 septembre**, le musée de Grenoble propose une exposition sur l'histoire de la ville.

Visites tous les **mercredis matin** et le **week-end jusqu'à 18 h**.

Appelez pour réserver au **04 76 63 20 21**.

Le musée se trouve en face du gymnase : traverser le pont, continuer tout droit et prendre la première à gauche, à côté de l'arrêt de tram.

Entrée gratuite pour les étudiants, apportez votre carte !

4 | Quel chemin prendre pour aller au musée ? 2 points

A ❑   B ❑   C ❑

5 | Vous devez apporter… 1 point

A ❑ votre diplôme.   B ❑ votre passeport.   C ❑ votre carte d'étudiant.

3. Production écrite

Exercice 2 de l'épreuve
15 points

Vous écrivez une lettre à votre ami(e) belge pour l'inviter à visiter votre ville. Vous lui parlez des sorties que vous pouvez faire ensemble (40 mots minimum).

....
....
....
....
....
....
....

4. Production orale

Partie 3 de l'épreuve : dialogue simulé ou jeu de rôle

À la gare
Vous êtes en vacances en France. Vous voulez réserver un billet de train pour visiter le pays. Vous allez à la gare, vous demandez des renseignements (villes, prix, horaires). Vous choisissez et vous payez.

Jeux

1
À deux ! Dites le début d'un mot, votre partenaire finit le mot.

Exemple :
A : – tro…
B : – trotinette

2
Trouvez l'intrus.

a. cent – million – mille – école
b. train – métro – mairie – bus
c. rue – boulevard – fontaine – avenue
d. centre-ville – musée – théâtre – bibliothèque
e. touriste – arrêt – ligne – station

3
Trouvez dans la grille, les noms de 9 bâtiments de la ville.

E	F	R	Y	C	V	B	D	A	À	Ù	B
M	V	N	E	Q	K	N	I	U	È	V	I
L	F	E	R	D	É	C	O	L	E	G	B
H	F	S	E	H	G	S	T	E	P	A	L
I	J	C	Z	J	L	A	I	R	M	E	I
K	P	X	A	T	I	D	B	C	A	L	O
C	O	M	M	I	S	S	A	R	I	A	T
L	S	X	U	K	E	L	N	J	R	I	H
M	T	C	S	O	T	L	Q	O	I	M	È
O	E	Q	É	L	G	U	U	K	E	E	Q
T	U	V	E	D	V	C	E	I	J	R	U
J	I	Y	D	D	J	I	T	K	A	J	E
T	H	É	Â	T	R	E	H	I	H	I	Z

4
Découpez les verbes à l'impératif.

Prendsallezaievaregardonstournesoisayonsdemande

5
À deux ! Regardez l'image et choisissez une destination. Dites la distance en kilomètres et votre partenaire trouve la bonne ville.

Exemple :
9 915 km → Lima

Unité 5

C'est tendance !

Grammaire

▷ Le genre et le nombre des adjectifs — p. 75

1. Écoutez et cochez le genre masculin ou féminin. 🎧 48

	a	b	c	d
Masculin				
Féminin				

	e	f	g	h
Masculin				
Féminin				

2. Soulignez la bonne réponse.

a. Tu portes une robe *élégant* / *élégante*.

b. Vous vendez des chaussures *noires* / *noirs*.

c. Je vends une veste *bleu* / *bleue* sur internet.

d. Vous avez une *beau* / *belle* chemise.

e. Pierre vend son costume *grise* / *gris*.

3. Accordez les adjectifs.

a. En été, elle porte des jupes (*court*) .... et des tee-shirts (*simple*) ....

b. Sur Vinted, Olivia vend des robes (*long*) .... et ses chaussures (*gris*) ....

c. Tu prends tes vestes (*élégant*) .... ?

d. Elle porte des (*beau*) .... robes.

e. En hiver, je mets souvent des manteaux (*gris*) .... et des bottes (*noir*) ....

4. Conjuguez les verbes au présent.

a. Ils (*mettre*) .... des lunettes de soleil en été.

b. Qu'est-ce tu (*vendre*) .... sur Vinted ?

c. Je (*venir*) .... avec toi au cours de couture.

d. Nous (*vendre*) .... des vêtements de sport.

e. Vous (*mettre*) .... une veste ou un gilet avec cette robe ?

Grammaire

▶ Le futur proche — p. 76

1. Écoutez et cochez le présent ou le futur proche. 🎧 49

	a	b	c	d	e	f	h
Présent							
Futur proche							

2. Transformez ces phrases au futur proche.

Exemple : Il fait chaud aujourd'hui ! → Il *va faire* chaud aujourd'hui.

a. Je porte une robe longue pour son mariage.

b. Léa est élégante avec sa veste.

c. Ils achètent une tablette.

d. Malik met un costume gris et une chemise blanche.

3. Qu'est-ce qu'ils vont faire ? Regardez l'image et écrivez une phrase au futur proche.

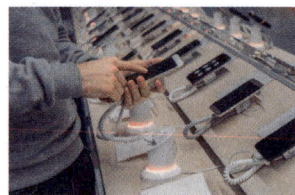

Exemple :
acheter un téléphone / il / demain
Il va acheter un téléphone demain.

a. tricoter un pull / elle / cet hiver

b. créer des vêtements / tu / ce week-end

c. vendre des vêtements / je / ce soir

d. acheter des chaussures / elle / samedi

e. prendre des cours de couture / vous / en avril

4. Remettez les phrases dans l'ordre.

a. Ce / acheter / ils / des vêtements. / vont / matin

b. mari. / offrir / Marine / un / pull / à / son / va / Demain

c. robes / légères. / été / porter / En / vous / des / allez

d. cours / prendre / Jeudi / vais / des / couture. / je / de

Vocabulaire

Les vêtements, les accessoires, la météo — p. 77

1. Complétez la description des vêtements à vendre comme dans l'exemple.

   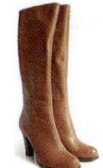  

Exemple :
Je vends une jupe bleue, courte, en coton.

a. ....
b. ....
c. ....
d. ....
e. ....

2. Écoutez les phrases et choisissez la bonne personne. 🎧 50

Lucile — Sarah — Noé — Philippe

3. Associez les vêtements et les accessoires à la météo. (Plusieurs réponses possibles)

a. Il pleut
b. Il fait chaud
c. Il neige
d. Il fait beau

1. Je porte un chapeau.
2. Je porte un pull.
3. Je porte un tee-shirt.
4. Je porte une robe.
5. Je porte un imperméable.
6. Je porte des bottes.
7. Je porte des lunettes de soleil.

(a. → 6.)

Phonie-graphie — Les consonnes [ʃ] et [ʒ]

Écoutez les phrases et indiquez combien de fois vous entendez [ʃ] et [ʒ]. 51
Puis, répétez les phrases.

	[ʃ]	[ʒ]
a. J'achète des vêtements pas chers et de jolis bijoux sur Vinted.	2	2
b. Il porte un short beige, un tee-shirt jaune et des chaussures rouges.		
c. Dimanche, je ne fais pas de shopping, je marche avec mon chien.		
d. En juin, c'est l'été, il fait chaud !		
e. J'aime acheter des chemises blanches et des jupes rouges.		

Grammaire

▶ La place des adjectifs — p. 81

1. Écoutez et soulignez la bonne réponse. 52

   a. Maurice porte un (*élégant*) costume (*élégant*).

   b. Élise met une (*rouge*) robe (*rouge*).

   c. Les enfants portent un (*blanc*) chapeau (*blanc*).

   d. Tu prends ton (*bleu*) sac à dos (*bleu*).

   e. Je préfère les (*grandes*) valises (*grandes*).

2. Écrivez l'adjectif au bon endroit : avant ou après le nom.

   a. Il vend des .... baskets .... (*bleues*)

   b. Ma sœur aime les .... tenues .... (*élégantes*)

   c. Les .... jupes .... sont à la mode. (*courtes*)

   d. C'est une .... robe .... ! (*jolie*)

   e. Vous avez un .... appareil photo .... (*bon*)

3. Écrivez les phrases avec les adjectifs.

   Exemple : Il achète un sac à dos. (*grand*) → *Il achète un grand sac à dos.*

   a. Elena cherche une enceinte (*petite*). → ....

   b. Vous avez une montre (*connectée*) ! → ....

   c. C'est une idée (*bonne*) ! → ....

   d. Pour son anniversaire, nous voulons un cadeau (*beau*). → ....

   e. Il achète un sac à dos (*vert*). → ....

4. Faites des phrases à partir des éléments suivants (plusieurs possibilités).

   Exemple : *Nous offrons un grand sac.*

Tu Vous Louise et Léo Je Nous	achète offrez portes offrons vendent	un sac une tenue des vêtements une valise un ordinateur	jolie lourde portable grand élégants

   a. .... **d.** ....

   b. .... **e.** ....

   c. .... **f.** ....

Grammaire

▸ l'adjectif démonstratif — p. 82

1. Écoutez et indiquez si l'adjectif démonstratif est masculin, féminin ou pluriel. 53

Masculin	Féminin	Pluriel
a		

2. Soulignez la bonne réponse.

a. *Ce / cet / cette* étui est rouge.

b. *Cette / ce / ces* chapeau est joli.

c. *Cette / ce / cet* valise est très lourde !

d. *Ce / cet / ces* lunettes sont à vendre.

e. *Ce / cet / cette / ces* veste est grande.

3. Remplacez les articles par *ce, cet, cette, ces*.

Exemple : *Le* téléphone est noir → *Ce* téléphone est noir.

a. La coque de téléphone est rectangulaire.

→ ....

b. Le sac à dos est lourd.

→ ....

c. Les objets connectés sont chers.

→ ....

d. L'étui est bleu.

→ ....

e. L'enceinte est petite.

→ ....

4. Complétez avec *ce, cet, cette, ces*.

a. Dany aime .... valise bleue.

b. Vous voulez .... batteries externes ?

c. Je préfère .... ordinateur portable.

d. Tu prends .... écouteurs.

e. Il va aimer .... cadeau.

Vocabulaire

Les objets technologiques, les objets du quotidien — p. 83

1. Complétez le dialogue avec les mots proposés.

en cuir – légers – mode – pratiques – porte-monnaie – noirs – écouteurs sans fils – rectangulaire

Le vendeur : Bonjour madame.
La cliente : Bonjour monsieur, je cherche un cadeau pour l'anniversaire de mon fils. Il aime beaucoup la musique.
Le vendeur : Nous avons des ………………………………… Regardez, ce modèle est à la …………………………… .
La cliente : Ah oui, c'est une bonne idée, ils sont …………………………… et …………………………… .
Le vendeur : Vous préférez quelle couleur ?
La cliente : Parfait ! Je vais prendre les écouteurs …………………………… Combien je vous dois ?
Le vendeur : 59 € s'il vous plaît.
La cliente : Oh où est mon porte-monnaie ?
Le vendeur : Comment est-il ?
La cliente : Il est …………………………… et …………………………… . Ah voilà ! Il est là dans mon sac !

2. Associez l'objet à sa fonction.

a. Un portefeuille :   1. mettre ses pièces de 1€, 2 €.
b. Un porte-monnaie :   2. transporter ses vêtements, ses chaussures.
c. Une enceinte Bluetooth :   3. lire un livre et stocker beaucoup de livres.
d. Un sac à dos :   4. transporter ses documents, un vêtement, des stylos.
e. Une valise :   5. mettre ses billets de banque, ses papiers d'identité.
f. Une liseuse :   6. écouter seul ou avec ses amis de la musique.

3. Écoutez et indiquez quel cadeau on cherche pour Paul, Karim, Isabelle, Noémie, Valentin ou Manon.

Cadeaux						
Pour qui ?						

Phonie-graphie — Les liaisons obligatoires avec l'adjectif

Écoutez et complétez les phrases. Puis, jouez les mini-dialogues à deux.

a. – Nous te souhaitons un …………………… anniversaire !
   – Merci ! C'est très gentil !

b. – Vous avez des …………………… enfants ?
   – Oui, deux. Ils ont six ans et dix ans.

c. – Tu as des …………………… idées de cadeau pour Noël ?
   – Oui, je voudrais un …………………… ordinateur et des …………………… écouteurs.

Compréhension orale

Week-end à Nice

Écoutez le dialogue et répondez aux questions. 56

1. Laure et Jérémy vont passer le week-end :
   ❑ dans un hôtel à Nice.   ❑ chez des amis à Nice.   ❑ chez la sœur de Laure à Nice.

2. Jérémy veut prendre un jean bleu pour aller à Nice.   ❑ Vrai   ❑ Faux

3. À quelle saison se passe la scène ? ....

4. Ce week-end, à Nice :   ❑ il va faire froid.   ❑ il va faire chaud.   ❑ il va neiger.

5. Quel temps il fait à Lyon ? ....

6. Quels vêtements va prendre Jérémy ?
....

7. Laure prend :   ❑ ses chaussures noires.   ❑ ses bottes.   ❑ ses baskets.

8. Pourquoi Laure et Jérémy ne prennent pas leur ordinateur ?
....

9. Laure prend aussi :
   ❑ ses lunettes de soleil et son manteau.   ❑ son chapeau et son manteau.   ❑ ses lunettes de soleil et son chapeau.

Production écrite

Vous êtes Laure et vous écrivez un mail à votre sœur Emma. Elle vient chez vous, à Lyon, passer un week-end en janvier. Vous parlez de la météo du week-end et vous expliquez quels vêtements, quels accessoires elle peut mettre dans sa valise.

Salut Emma,

Bilan linguistique

Grammaire

..../ 40

1. Complétez les phrases et accordez l'adjectif. ..../ 5

a. Un pantalon <u>élégant</u>. Une jupe ....

b. Un manteau <u>chaud</u>. Des robes ....

c. Un pantalon <u>gris</u>. Une ceinture ....

d. Un gilet <u>vert</u>. Des vestes ....

e. Un costume <u>blanc</u>. Une tenue ....

2. Soulignez la bonne réponse. ..../ 5

a. Léo vend son (*gris*) pull (*gris*).

b. Tu n'aimes pas les (*noirs*) vêtements (*noirs*).

c. Il achète une (*connectée*) montre (*connectée*).

d. Yann et son frère aiment les (*élégantes*) chaussures (*élégantes*).

e. Sur ce site, on trouve des (*chers*) vêtements (*chers*).

3. Répondez aux questions au futur proche. ..../ 5

a. – Il fait beau cet après-midi ?
– Oui, il ....

b. – Tu viens à l'anniversaire de Lucas ?
– Oui, je ....

c. – Vous mettez un manteau ?
– Oui, nous ....

d. – Ils prennent leur ordinateur ?
– Oui, ils ....

e. – Tu vends tes écouteurs ?
– Oui, je ....

4. Soulignez la bonne réponse. ..../ 5

a. Je voudrais essayer *cette* / *cet* / *ces* bottes.

b. *Ces* / *Cette* / *Cet* étui est très beau !

c. Il va acheter *ces* / *cette* / *ce* costume.

d. Vous aimez *ce* / *cet* / *cette* style ?

e. *Cet* / *Cette* / *Ces* écouteurs sont à la mode.

Vocabulaire

1. Complétez les phrases avec les mots proposés. .... /5

robe – costume – imperméable – taille – bottes

a. Il pleut ! Je ne prends pas ma veste, je mets mon ....

b. Je voudrais essayer cette jupe. Quelle .... vous avez ?

c. J'aime beaucoup cette ...., elle est très élégante.

d. Boris va acheter un beau .... pour le mariage de son frère.

e. Il fait froid aujourd'hui ! Je vais mettre mes ....

2. Quel temps il fait ? Associez la phrase à l'image. .... /5

Il fait froid – Il neige – Il fait beau – Il pleut – Il fait chaud

a. .... b. .... c. ....

d. .... e. ....

3. Qu'est-ce qu'ils achètent ? Écrivez le nom de l'objet. .... /5

des chaussures – un cadre photo – des écouteurs sans fil – un sac à dos – une enceinte Bluetooth

a. Sans fil, ils sont pratiques, c'est bien pour écouter de la musique quand je me promène ! ....

b. Je cherche un grand modèle pour cette photo de vacances. ....

c. Ma Pointure ? Du 38. ....

d. Ah oui ! Il est pratique pour mettre ses affaires de sport ou faire de la randonnée. ....

e. Elle est parfaite pour écouter de la musique avec vos amis. Elle est facile à transporter ! ....

4. Choisissez les réponses possibles. .... /5

a. Un smartphone est	❏ carré	❏ rectangulaire	❏ rond
b. Ton cadre photo est	❏ rond	❏ rectangulaire	❏ connecté
c. Cette valise est	❏ lourde	❏ connectée	❏ légère
d. Le porte-monnaie est	❏ léger	❏ en cuir	❏ sans fil
e. Cette tablette est	❏ grande	❏ ronde	❏ rectangulaire

1. Compréhension de l'oral

57 **Exercice 5 de l'épreuve** `5 points`

Vous allez entendre un message. Quels objets sont donnés dans le message ? Vous entendez le nom de l'objet ? Cochez ☑oui. Sinon, cochez ☑non. Écoutez à nouveau le message. Vous pouvez compléter vos réponses.

1 A ☐ Oui   B ☐ Non

2 A ☐ Oui   B ☐ Non

3 A ☐ Oui   B ☐ Non

4 A ☐ Oui   B ☐ Non

5 A ☐ Oui   B ☐ Non

2. Compréhension des écrits

Pour répondre aux questions, cochez (☑) la bonne réponse.

Exercice 1 de l'épreuve `6 points`

Vous recevez ce message de votre amie suisse. Lisez le document et répondez aux questions.

De : yasmine@gmail.com
Objet : Mercredi après-midi

Salut,
C'est bientôt l'anniversaire de ma sœur Elsa. Tu viens avec moi en ville ? Je vais acheter un super cadeau ! Un beau chapeau rouge, c'est sa couleur préférée. Ou un manteau pour les vacances d'hiver, Elsa adore le ski !
Tu peux venir chez moi, mercredi, à 12 h. Les magasins ouvrent à 14 h mais nous pouvons manger ensemble ! Il va pleuvoir mercredi, prends ton parapluie !
À bientôt, Yasmine

1 | Que propose Yasmine ? `1,5 point`

A ☐

B ☐

C ☐

2 | Elsa adore…
  A ❏ le rouge.   **B** ❏ le jaune.   **C** ❏ le violet.   (1 point)

3 | Vous avez rendez-vous où ?
  A ❏ En ville.   **B** ❏ Au restaurant.   **C** ❏ Chez Yasmine.   (1 point)

4 | Vous pouvez faire du shopping à quelle heure ?
  A ❏ À 12 h.   **B** ❏ À 13 h.   **C** ❏ À 14 h.   (1 point)

5 | Qu'est-ce que vous devez prendre ?   (1,5 point)

  A ❏   **B** ❏   **C** ❏

3. Production écrite

Exercice 1 de l'épreuve   (10 points)

Vous êtes en France. Vous complétez ce formulaire pour vous présenter à votre professeur de français.

```
Nom : XXXXXXXXXXXXXXXXX
Prénom : ............................................................................. / 1
Date de naissance : ......................................................... / 1
Nationalité : ..................................................................... / 1
Courriel : .......................................................................... / 1
Adresse (numéro et rue) : ............................................... / 1
Pays : ................................................................................ / 1
Téléphone : ...................................................................... / 1
Profession : ...................................................................... / 1
Couleurs préférées :
– ........................................................................................ / 1
– ........................................................................................ / 1
```

4. Production orale

Partie 3 de l'épreuve : dialogue simulé ou jeu de rôle

<u>Au magasin de vêtements</u>
Vous êtes en France. Vous voulez acheter des vêtements. Vous allez dans un magasin, vous posez des questions sur les prix, les tailles, les couleurs. Vous achetez au moins trois articles.

Jeux

1. Mots croisés des vêtements.

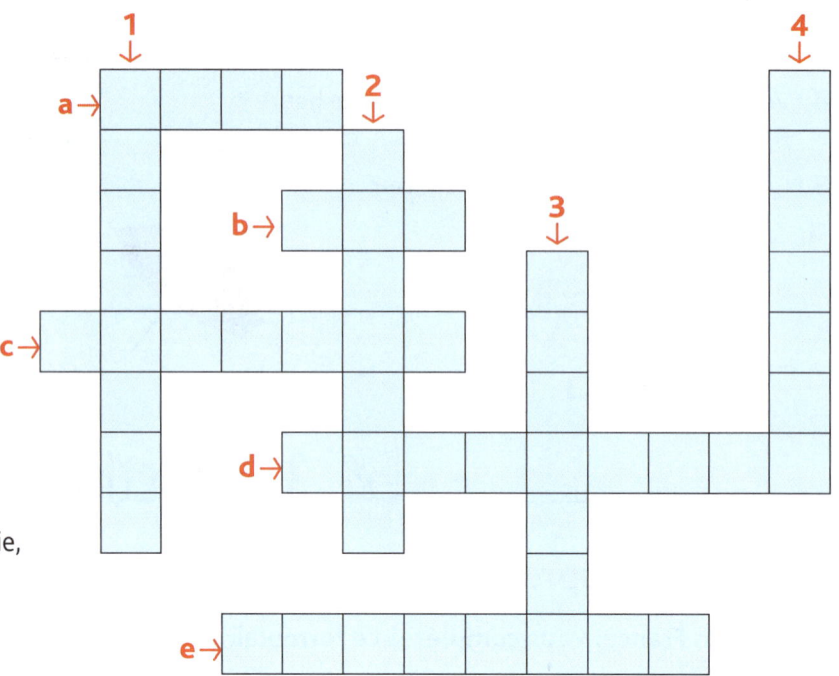

Verticalement :
1. Vêtement long pour les jambes.
2. Vêtement long et chaud pour l'hiver.
3. Accessoire utile pour protéger du soleil.
4. Pantalon et veste élégants pour un homme.

Horizontalement :
a. Vêtement en laine chaud pour l'hiver.
b. Objet utile pour mettre son porte-monnaie, son portefeuille, ses clés.
c. Chaussures de sport.
d. Objet utile quand il pleut.
e. Taille des chaussures.

2. Barrez l'intrus.

a. chemise – pantalon – sac – cravate
b. baskets – bottes – parapluie – chaussures
c. orange – rose – couleur – rouge
d. long – court – petit – cuir

3. Remettre les lettres dans l'ordre pour trouver les mots.

a. TETABLET _ _ _ _ _ _ _
b. NOMTER   _ _ _ _ _ _
c. RUTEOIDANR _ _ _ _ _ _ _ _ _ _
d. DONR   _ _ _ _
e. SUECOTUER _ _ _ _ _ _ _ _ _

4. Associez les étiquettes pour former des mots.

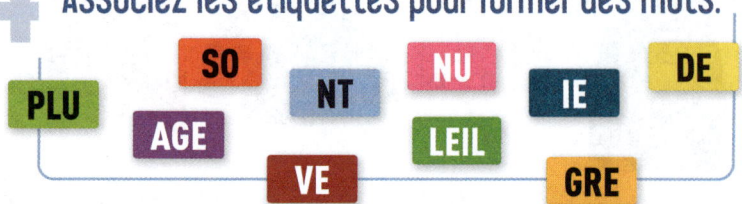

5. Devinettes.

a. C'est un objet rectangulaire, ça sert à mettre des vêtements pour partir en voyage.

....

b. C'est un objet carré ou rectangulaire, en cuir, ça sert à mettre des billets de banque, des papiers d'identité.

....

c. C'est un objet rectangulaire, léger. Ça sert à se connecter à Internet, à regarder des films, à jouer.

....

d. C'est un objet rond ou rectangulaire, léger. Ça sert à lire l'heure et à donner des informations avec un téléphone.

....

e. C'est un objet rectangulaire. Ça sert à charger son téléphone quand on n'a pas d'électricité.

....

Unité 6

Qu'est-ce qu'on fait aujourd'hui ?

Grammaire

▸ Les verbes pronominaux au présent ———— p. 89

1. Complétez la conjugaison du verbe *s'habiller* au présent.

Exemple : Je *m'*habille avant de prendre mon petit déjeuner.

a. Il .... habille pour aller dîner.

b. Tu .... habilles pour sortir ce soir ?

c. Vous .... habillez pour le travail.

d. Nous .... habillons pour faire du jardinage.

2. Écoutez et retrouvez les verbes manquants. 58

– Marie, tu .... à quelle heure, le matin ?
– À 7 h 30. Et toi ?
– Moi, je .... à 7 h 30, mais je .... à 7 h 45. Le matin, c'est trop difficile ! Tu .... le matin ou le soir ?
– Je .... le soir, comme ça, le matin, je .... rapidement, je .... et je ....
– Et tu .... tous les matins ?
– Non, je n'ai pas le temps.

3. Complétez les phrases avec les verbes qui conviennent au présent.

se réveiller – se doucher – se lever – se promener se raser

Tous les matins,
je .... à 8 h.
Je ....
et je ....
avant de prendre mon petit déjeuner.
Ma femme ....
à 8 h 30. À 9 h, nous partons,
et nous ....

4. Conjuguez les verbes à la forme négative.

Exemple : Ils (*se coucher*) tard → *Ils ne se couchent pas tard.*

a. Mon frère (*se laver*) .... le soir.

b. Je (*se réveiller*) .... à 7 h.

c. Alexandra et Géraldine (*se maquiller*) .... pour aller au concert.

d. Nous (*se préparer*) .... dans la salle de bains.

e. Tu (*se raser*) .... le matin ?

Grammaire

▸ La fréquence (2)

p. 90

1. Remettez les mots dans l'ordre.

a. au / mange / restaurant. / Christine / parfois ....

b. le / lisons / Nous / souvent / journal. ....

c. mardis. / vais / sport / au / tous / Je / les ....

d. allez / Vous / cinéma / au / samedi. / le ....

e. ne / vaisselle. / jamais / Tu / fais / la ....

2. Complétez les phrases avec des expressions de fréquence : *jamais, toujours, parfois, tous les, rarement, souvent* (plusieurs réponses possibles).

a. Paul se brosse .... les dents après manger.

b. Ma mère jardine ...., elle n'aime pas beaucoup cette activité !

c. Je ne cuisine ...., je préfère commander mon repas.

d. Jordan et Mickaël font .... du sport ensemble, mais ils ne se parlent plus.

e. Tu te promènes ...., je te vois .... matins.

3. Faites des phrases en utilisant les expressions de fréquence.

a. (*regarder la télévision*) Nous ....

b. (*écouter la radio*) Ils ....

c. (*jouer aux jeux vidéo*) Tu ....

d. (*faire la lessive*) Michel ....

e. (*déjeuner ensemble*) Vous ....

4. Écoutez et complétez les phrases avec le verbe *pouvoir* ou *vouloir* au présent. 59

a. Thomas, tu .... m'aider à cuisiner ? Je ne sais pas faire à manger.

b. Il fait beau, je .... aller me promener.

c. Ma petite sœur .... s'habiller toute seule.

d. Nous .... aller au musée, mais c'est fermé aujourd'hui.

e. Vous .... écouter de la musique mais pas trop fort.

Vocabulaire

L'heure, les activités — p. 91

1. Écoutez le dialogue et cochez les activités entendues. 60

a. Jouer aux jeux vidéo ❏
b. Dessiner ❏
c. Faire une promenade ❏
d. Aller à un concert ❏
e. Voir des amis ❏
f. Voir une exposition ❏
g. Faire du jogging ❏
h. Surfer sur internet ❏
i. Faire du bricolage ❏
j. Faire du jardinage ❏

2. Barrez l'intrus.

a. la peinture – le dessin – le tableau – la musique
b. se coiffer – se maquiller – faire la lessive – se préparer
c. bricoler – jardiner – parler – cuisiner
d. regarder la télévision – aller au cinéma – écouter de la musique – voir un film

3. Écoutez et cochez les heures entendues. 61

7 h 10	7 h 45	8 h 15	8 h 45	9 h 30	11 h 15	12 h 15	13 h 15	13 h 30	17 h	18 h	19 h	19 h 30
X												

4. Écrivez les heures d'une manière différente.

Exemple : 10 h 30 : dix heures trente → *dix heures et demie*

a. 11 h 50 : onze heures cinquante → ....
b. 7 h 15 : sept heures quinze → ....
c. 13 h 40 : deux heures moins vingt → ....
d. 6 h 45 : six heures quarante-cinq → ....
e. 12 h 30 : douze heures trente → ....

Phonie-graphie Les consonnes [s] et [z]

1. Écoutez les phrases et indiquez combien de fois vous entendez [s] et [z]. Puis, répétez les phrases.

	[s]	[z]
a. Cette journaliste organise ses futures émissions sur son ordinateur.	6	2
b. Elle se lève à six heures trente, se prépare et réveille son petit garçon.		
c. Ce magazine de sport présente tous les nouveaux événements de la semaine.		
d. Nous aimons souvent aller au cinéma avec des amis.		
e. Ils adorent écouter de la musique et vont souvent voir des concerts.		

2. Écoutez et complétez le texte avec les graphies correctes. 63

Le ....amedi, nous fai........ons les cour........es, la cui........ine, la le........ive et la vai........elle. Mais le dimanche, nous nous repo........ons, nous écoutons de la mu........ique, nous fai........ons du ....port ou nous allons voir des amis. Parfois, nous vi........itons une expo........i........ion ou nous allons au ....inéma.

Grammaire

▸ Le passé récent p. 95

1. Conjuguez le verbe *venir* au présent.

a. Tu .... de finir de travailler.

b. Nous .... de lire ce livre.

c. Je .... de cuisiner.

d. Vous .... de regarder le film.

e. Ils .... de terminer le ménage.

2. Écoutez les phrases et cochez la bonne réponse. 64

	a	b	c	d	e
Passé récent					
Présent					

3. Transformez le présent en passé récent dans ces phrases.

Exemple : J'écoute de la musique. → *Je viens d'écouter de la musique.*

a. Je lis un article de journal. → ....

b. Ils regardent une série. → ....

c. Nous faisons un jogging. → ....

d. Tu écoutes l'émission ? → ....

e. Il va au cours de dessin. → ....

4. Regardez les images et complétez les phrases avec un passé récent.

Exemple : *J'ai chaud parce que je viens de bricoler.*

a. Manon fait la vaisselle parce qu'elle ....

b. Nous nous brossons les dents parce que nous ....

c. Il se douche parce qu'il ....

d. Vous êtes fatigué parce que vous ....

e. Je me coiffe parce que je ....

Grammaire

▶ Les verbes en *-ir* au présent

p. 96

1. Associez le sujet et le verbe.

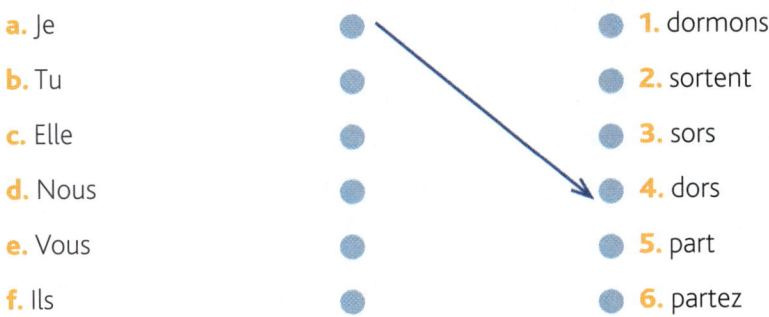

a. Je
b. Tu
c. Elle
d. Nous
e. Vous
f. Ils

1. dormons
2. sortent
3. sors
4. dors
5. part
6. partez

2. Conjuguez les verbes pour former une phrase.

Exemple : Sortir souvent le samedi soir (*nous*) → **Nous sortons souvent le samedi soir.**

a. Partir au travail à 7 h (*je*) → ....

b. Dormir beaucoup le week-end (*tu*) → ....

c. Sortir de la maison (*vous*) → ....

d. Dormir le jour et travailler la nuit (*elle*) → ....

e. Partir en vacances (*ils*) → ....

3. Écoutez et répondez aux questions. Utilisez les verbes *partir*, *sortir*, *dormir* au présent. 65

Exemple : – Tu dors combien d'heures par nuit ? – *Je dors 7 h par nuit.*

a. ....
b. ....
c. ....
d. ....
e. ....

4. Conjuguez les verbes et complétez les phrases (réponses libres).

a. Je (*sortir*) ....
b. Nous (*dormir*) ....
c. Tu (*partir*) ....
d. Ils (*venir*) ....
e. vous (*sortir*) ....

Vocabulaire

La description physique, le caractère  p. 97

1. Associez les images à la description.

Thérèse   Igor

Charles   Marie-France

a. Il / Elle a un petit nez et une grande bouche.
Il / Elle a les cheveux blancs et raides. C'est ....

b. Il / Elle a une barbe et une moustache châtains.
Il / Elle est chauve. C'est ....

c. Il / Elle a un grand nez. Il/Elle a les cheveux bruns, frisés et courts.
Il / Elle porte des boucles d'oreille. C'est ....

d. Il / Elle a une petite bouche. Il / Elle a les cheveux courts, frisés et blonds.
Il / Elle n'a pas de moustache. C'est ....

2. Écrivez les contraires.

Exemple : timide → *sociable*

a. gros → ....   c. petite → ....   e. courte → ....

b. dynamique → ....   d. gentil → ....   f. frisés → ....

3. Écoutez les descriptions. Écrivez dans le tableau les adjectifs entendus.  66

	Le corps	Les cheveux	Le visage	Le caractère
a. Anna	*grande*	*blonds et courts*	*petits yeux verts*	*bavarde, sociable, stressée*
b. Jacques				
c. Édouard				
e. David				
f. Ludivine				

Phonie-graphie Les voyelles [ø] et [œ]

1. Écoutez les phrases et indiquez combien de fois vous entendez [ø] et [œ]. 67
Puis, répétez les phrases.

	[ø]	[œ]
a. C'est un jeu dangereux.	3	0
b. C'est un auteur. Il a les cheveux noirs. Il est sérieux et courageux.		
c. C'est un jeune acteur. Il est brun aux yeux bleus.		
d. Ma sœur ne peut pas être seule, elle a peur.		
e. À 18 heures, les étudiants peuvent sortir du cours.		

2. Écoutez et complétez le texte avec les graphies correctes. 68

Antoine de Saint-Exupéry est un aviat........r, un grand voyag........r. C'est aussi un aut........r célèbre grâce à son ....vre « Le petit Prince », le s........l livre de littérature traduit en 481 langues et dialectes. Les enfants du monde entier p........vent lire cette belle histoire !

Compréhension écrite

À plus tard !

Lisez le document et répondez aux questions.

1. Pour qui est le message ?

....

2. Catherine parle...
☐ du matin   ☐ de l'après-midi   ☐ du soir

3. Qu'est-ce qu'elle demande ?

....

4. Vrai ou faux ? Cochez la bonne réponse.

	Vrai	Faux
a. Karine doit faire ses devoirs.	☐	☐
b. Les enfants ne peuvent pas regarder la télé.	☐	☐
c. Quand Catherine rentre, les enfants sont couchés.	☐	☐

5. Combien de temps sort Catherine ?

....

> Coucou Tom,
> Je vois mes copines à 20h.
> Je ne peux pas faire le dîner pour les enfants, tu t'en occupes ?
> Karine vient juste de terminer ses devoirs, elle est allée au cinéma. Elle revient vers 19 h 30. Hugo fait du vélo de 19 h à 20 h.
> Après le repas, ils peuvent regarder un film, mais ils se brossent les dents et ils se couchent à 22 h 30 maximum !
> Merci !
> Je rentre à 23 h 00. À plus tard.
> Catherine

Production orale

JEUX DE RÔLE
À deux. Choisissez la fiche A ou B. Lisez les informations de votre fiche et jouez la scène avec votre partenaire.

Apprenant A
Vous êtes célèbre et vous êtes invité(e) à parler de vous dans une émission de télévision. Le/La journaliste s'intéresse à votre quotidien, ce que vous faites et quand, ce que vous aimez faire et ne pas faire.

Apprenant B
Vous êtes journaliste et vous posez des questions à une célébrité pour une émission de télévision. Vous vous intéressez à son quotidien, vous demandez ce qu'il/elle fait et quand, ce qu'il/elle aime faire et ne pas faire.

Bilan linguistique

Grammaire

1. Reliez pour former des phrases. ..../5

a. Tous les matins, je •   • nous •   • brossons les dents trois fois par jour.
b. Marie   •   • te   •   • réveilles à 8 h.
c. Ma sœur et moi, nous •   • vous •   • occupe des enfants.
d. Tu   •   • se   •   • rasez souvent ?
e. Vous   •   • m'   •   • coiffe devant le miroir.

2. Complétez avec les expressions de fréquence suivantes : *tous les, jamais, souvent, le matin, rarement.* ..../5

a. Je vais .... au tennis, surtout le week-end !

b. .... dimanches, je me promène avec mon chien.

c. Ils cuisinent ...., ils préfèrent les plats surgelés.

d. Elle ne va .... au cinéma, elle pense que c'est cher !

e. ...., elle aime prendre son petit déjeuner tranquillement.

3. Transformez les phrases avec un passé récent. ..../5

a. Je vois une exposition.

   → ....

b. Nous faisons la vaisselle.

   → ....

c. Tu regardes une série à la télévision.

   → ....

d. Michel part du cinéma.

   → ....

e. Ils sortent du cours de dessin.

   → ....

4. Soulignez la bonne réponse. ..../5

a. Je *dors / dort* toujours au cinéma.

b. Tu *partez / pars* de l'exposition ? Tu n'as pas aimé ?

c. Il *dorment / dort* et après il prend sa douche.

d. Ta mère *pars / part* à quelle heure travailler ?

e. Vous travaillez ou vous *sortez / sortons* le dimanche ?

Vocabulaire

1. Remplacez les activités soulignées par les bonnes activités. ..... / 5

a. Nathalie se couche à 9h. ....

b. Mon père se réveille avant d'aller se coucher. ....

c. Je cherche une maison à acheter, alors je fais la lessive. ....

d. Christelle fait du bricolage au supermarché. ....

e. Ma mère va au cinéma, elle adore les tableaux. ....

2. Écrivez les heures en lettres. ..... / 5

a. 🌙 🕓 ....

b. 🌙 🕔 ....

c. 🌙 🕕 ....

d. ☀ 🕒 ....

e. ☀ 🕐 ....

3. Reliez les contraires. ..... / 5

a. grand   ●   ● **1.** chauve

b. frisé   ●   ● **2.** mince

c. blond   ●   ● **3.** raide

d. beaucoup de cheveux ●   ● **4.** petit

e. gros   ●   ● **5.** brun

4. Lisez et cochez vrai ou faux. ..... / 5

	Vrai	Faux
a. Si une personne parle beaucoup, elle est timide.	❏	❏
b. Si une personne donne beaucoup, elle est généreuse.	❏	❏
c. Si une personne n'a pas peur, elle est drôle.	❏	❏
d. Si une personne étudie beaucoup, elle est méchante.	❏	❏
e. Si une personne a beaucoup d'amis, elle est sociable.	❏	❏

DELF A1

1. Compréhension de l'oral

Vous allez écouter un document. Pour répondre aux questions, cochez (☑) la bonne réponse.

Exercice 1 de l'épreuve
4 points

Lisez les questions. Écoutez le document puis répondez. Vous écoutez ce message de votre ami français.

1 | Qu'est-ce que Ludo fait demain ? 1 point
    A ❏ Il travaille au bureau.   B ❏ Il va à une exposition.   C ❏ Il s'occupe de son enfant.

2 | Quand est-ce que Ludo va au supermarché ? 1 point
    A ❏ Le matin.   B ❏ Le midi.   C ❏ L'après-midi.

3 | Qu'est-ce que Ludo vous propose ? 1 point

    A ❏   B ❏   C ❏

4 | Qu'est-ce que vous devez apporter ? 1 point
    A ❏ Un fruit.   B ❏ Un dessert.   C ❏ Une boisson.

2. Compréhension des écrits

Pour répondre aux questions, cochez (☑) la bonne réponse.

Exercice 2 de l'épreuve
6 points

Vous êtes en France, à Paris. Vous lisez cette annonce dans un journal. Répondez aux questions.

▶ CASTING POUR LA SÉRIE *DIX POUR CENT* !

La célèbre série cherche deux acteurs : une actrice de 30 ans, avec les cheveux courts et châtains, et un homme de 45 ans, blond.

Intéressés ? Venez au studio samedi 25 juin de 9 h à 12 h.

Descendez du bus à l'arrêt Échange. Prenez la rue à gauche et tournez à droite. Traversez le parc. Les studios sont en face du parking à vélos.

---

1 | La série cherche une femme… 1 point
    A ❏ brune.   B ❏ châtain.   C ❏ blonde.

2 | Quel âge doit avoir l'acteur ? 1 point
    A ❏ 25 ans.   B ❏ 30 ans.   C ❏ 45 ans.

3 | Quand est le casting ? 1 point
    A ❏ Le matin.   B ❏ L'après-midi.   C ❏ Le soir.

4 | Comment est-ce que vous allez au casting ? 1 point
    A ❏ À vélo.   B ❏ En bus.   C ❏ En métro.

5 | Quel est le chemin pour aller au casting ? `2 points`

A ☐

B ☐

C ☐

3. Production écrite

Exercice 2 de l'épreuve `15 points`

Vous habitez dans une nouvelle ville. Vous écrivez à votre ami(e) français(e). Vous décrivez votre quartier et vous racontez une journée normale (activités, heures) (40 mots minimum).

....
....
....
....
....
....
....

4. Production orale

Partie 3 de l'épreuve : dialogue simulé ou jeu de rôle

Au club du quartier
Vous habitez en France. Vous voulez faire une activité. Vous allez au club Arts et Sports de votre quartier. Vous posez des questions à l'employé sur les activités (horaires, jours, prix, professeur…). Vous choisissez une activité et vous payez l'inscription.

Jeux

1 Retrouvez le message d'Adrien pour Aurélie.

a	b	c	d	e	f	g	h	i	j	k	l	m
⊠	⬦	~	□	=	#	@	◁	⊥	>	○	▲	★

n	o	p	q	r	s	t	u	v	w	x	y	z
☼	↓	Y	↑	↓	♥	&	%	↗	○	✒	+	€

>= Y=%✒ &'⊥☼↗⊥&=↓
⊠% ↓= ♥&⊠%↓⊠☼&?

2 Trouvez dans la grille 6 mots pour décrire le caractère d'une personne.

T	T	N	Y	U	R	B	G	M	L	T	J
E	C	A	L	M	E	O	J	E	K	I	C
Z	Z	U	P	V	Z	M	K	R	A	M	V
D	R	O	L	E	H	S	B	F	C	I	J
O	O	X	Z	X	G	V	Y	Z	H	D	U
M	M	E	E	A	V	D	G	M	Y	E	X
M	M	I	I	X	G	O	W	Q	O	C	N
P	P	U	P	N	E	P	L	Y	Z	M	J
Q	Q	D	D	Y	N	A	M	I	Q	U	E
X	X	F	D	U	T	F	L	X	W	Y	K
H	H	P	Y	I	I	Q	U	V	V	V	T
G	G	E	I	T	L	C	B	C	C	C	Z
B	B	T	F	E	O	Z	S	L	H	X	H
C	C	Y	Y	S	O	C	I	A	B	L	E

3 Avis de recherche.

Votre meilleur(e) ami(e) a disparu !
Pour aider la police à le / la retrouver, vous devez faire une description de son physique et de son caractère. Toute information complémentaire peut être utile !

4 Qui suis-je ?

a. J'ai les cheveux mi-longs et bruns. Je suis mince. Je suis timide mais je suis un(e) grand(e) acteur(-trice). ………

b. J'ai les cheveux châtains, et je suis Suisse. Je suis sportif(-ve). ………

c. Je suis jeune et mince. J'ai une grande bouche et j'ai les yeux gris-vert. J'ai les cheveux courts. Je suis Belge. Je suis sociable. ………

d. Je suis jeune et sportif (-ve). J'ai les cheveux très courts et noirs. Je suis généreux (-se) et dynamique. J'aime jouer au foot. ………

e. Je suis jeune. J'ai les cheveux blonds et longs. J'ai les yeux marron. J'aime la musique. Je suis Belge. ………

Unité 7

Chez moi !

Grammaire

▶ Le passé composé (1) — p. 103

1. Présent ou passé composé ? Écoutez et cochez. 70

	a	b	c	d	e	f	g	h
Présent								
Passé composé								

2. Associez le sujet et le verbe conjugué.

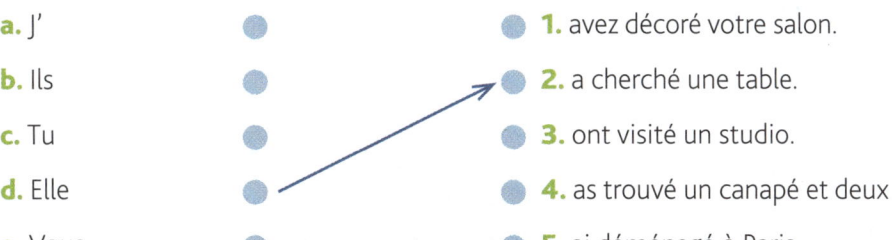

a. J'
b. Ils
c. Tu
d. Elle
e. Vous

1. avez décoré votre salon.
2. a cherché une table.
3. ont visité un studio.
4. as trouvé un canapé et deux fauteuils.
5. ai déménagé à Paris.

3. Mettez les verbes au passé composé.

a. Maintenant, tu cherches un logement.
   L'année dernière, ...

b. Cet après-midi, vous trouvez un appartement.
   La semaine dernière, ...

c. Aujourd'hui, ils achètent un lave-linge.
   Il y a trois mois, ...

d. Ce soir, je visite une maison.
   Hier soir, ...

e. En septembre, elle ne déménage pas à Lyon.
   Le mois dernier, ...

4. Conjuguez les verbes au passé composé.

a. Ma sœur (*trouver*) .... un frigo.

b. Vous (*déménager*) .... la semaine dernière ?

c. Nous (*habiter*) .... dix ans dans cette maison.

e. Tu (*chercher*) .... un logement ?

f. J' (*visiter*) .... un beau studio.

Grammaire

▸ Les prépositions de lieu (2) — p. 104

1. Regardez les images et soulignez la bonne réponse.

a. b. c. d. e.

a. Le sac est *sur / sous* la table.
b. La femme est *derrière / devant* la table.
c. Le fauteuil est *à droite / à gauche* de la lampe.
d. La télévision est *à côté / en face* du canapé.
e. Les plantes sont *devant / à côté* de la fenêtre.

2. Écoutez et complétez les phrases avec les prépositions de lieu. 71

a. Le fauteuil est ………………………………… du canapé.

b. Le tapis est ………………………………… la table.

c. Il y a une petite table ronde ………………………………… le fauteuil et le canapé.

d. La petite table ronde est ………………………………… de la grande plante.

e. ………………………………… la table carrée, il y a une plante et des objets.

f. Les fenêtres sont ………………………………… le canapé.

3. Observez les dessins et écrivez les 4 différences.

Image A

Exemple : *L'armoire est à gauche de la fenêtre.*

a. ……………………………………………………………

b. ……………………………………………………………

c. ……………………………………………………………

d. ……………………………………………………………

Image B

L'armoire est à droite de la fenêtre.

a. ……………………………………………………………

b. ……………………………………………………………

c. ……………………………………………………………

d. ……………………………………………………………

Vocabulaire

Le logement, l'équipement
p. 105

1. Complétez les phrases avec les mots suivants.
rez-de-chaussée - déménager - étage - jardin - surface

a. Paul habite à Lyon mais il va travailler à Grenoble. Il va .... demain.

b. Dans notre maison, au .... il y a une cuisine, un salon, une chambre et une salle de bains. À l'........................... il y a deux chambres et des toilettes.

c. Notre appartement a une grande .... : environ 120 m².

d. Nous recherchons une maison avec un .... pour nos enfants. Ils aiment jouer dehors !

2. Regardez les images et écrivez les meubles et les objets dans chaque pièce.
un fauteuil – un four – un réfrigérateur – un lit – une armoire – une plante – une table basse – un canapé – un bureau – une cuisinière – un tableau – une chaise

une chaise ....

3. Écoutez le message et complétez les phrases avec les mots suivants.  72
chaises – four – lave-linge – frigo – canapé – équipée – cuisinière – table – loyer – douche – surface

LOUE STUDIO .... : 456 €
.... : 22 m²
Meublé avec un ...., une ....,
des ....
Cuisine .... avec un ....,
une ...., un ....
Salle de bains avec ....

Phonie-graphie — Les voyelles [e] et [ɛ]

Écoutez les phrases et indiquez combien de fois vous entendez [e] et [ɛ]. 73
Puis, répétez les phrases.

	[e]	[ɛ]
a. La semaine prochaine, je vais déménager.	2	3
b. Dans cette pièce, il y a deux fenêtres avec une belle vue.		
c. Au vide-grenier, nous avons acheté des vêtements pas chers.		
d. La semaine dernière, elles ont trouvé des objets de décoration.		
e. Cet été, vous allez être en vacances et voyager à bicyclette.		

Grammaire

▸ L'obligation et l'interdiction (1) — p. 109

1. Écoutez les phrases et cochez la bonne réponse. 🎧 74

	a	b	c	d	e	f
Obligation	X					
Demande						
Interdiction						

2. Lisez le règlement de l'immeuble et cochez les phrases correctes.

RÈGLEMENT DE L'IMMEUBLE

 Merci de fermer la porte d'entrée de l'immeuble.

 Défense de fumer dans l'ascenseur.

 Prière de jeter vos poubelles dans le local à poubelles.

 Interdiction de faire du bruit après 22h.

 Défense de laisser votre vélo dans l'entrée.

a. ❏ Il faut fermer la porte d'entrée.
b. ❏ Il est possible de fumer dans l'ascenseur.
c. ❏ Il est interdit de jeter les poubelles dans le local à poubelles.
d. ❏ Il n'est pas possible de faire du bruit après 22h.
e. ❏ Il est interdit de laisser son vélo dans l'entrée.

3. Remettez les phrases dans l'ordre.

a. trier / Prière de / déchets. / vos ....
b. chien / Merci / en laisse. / de tenir / votre ....
c. interdit de / Il / dans / est / les parties communes. / fumer ....
d. pas / laissez / la porte d'entrée / Ne / ouverte. ....
e. au ballon / jouer / le hall. / Défense de / dans ....

4. Regardez les panneaux et soulignez la phrase correcte du règlement de l'immeuble.

Exemple : Interdiction de laisser votre vélo dans le local / *Merci de laisser votre vélo dans le local.*

a.
Il est interdit de fumer. / Prière de fumer.

b.
Merci de respecter les fêtes des voisins. / Interdiction de faire du bruit après 22h.

c.
Ne pas trier les déchets. / Merci de trier les déchets.

d.
Prière de marcher sur la pelouse. / Défense de marcher sur la pelouse.

e.
Prière de tenir les chiens en laisse. / Il est interdit de tenir les chiens en laisse.

Grammaire

▸ Les pronoms COD (1) — p. 110

1. Associez les phrases.

a. Il contacte ses voisins.
b. Il contacte Alice.
c. Il contacte le peintre.
d. Il contacte le plombier et le serrurier.
e. Il contacte l'informaticien.

1. Il la contacte.
2. Il les contacte.
3. Il le contacte.

2. Cochez quand vous entendez le pronom *le*, *la*, *l'* ou *les*. 🔊 75

	a	b	c	d	e	f	g	h
le								
la								
l'	X							
les								

3. Répondez aux questions avec les pronoms *le*, *la*, *l'*, *les*.

Exemple : Tu appelles l'informaticien ? ***Oui, je l'appelle.***

a. – Vous contactez l'électricien ? – Oui, je .... contacte.

b. – Vous aidez votre voisine ? – Oui, je .... aide.

c. – Le plombier répare la fuite d'eau ? – Oui, il .... répare.

d. – Marie connaît ses voisins ? – Non, elle ne .... connaît pas.

e. – Tu rencontres Paul et sa femme dans la résidence ? – Oui, je .... rencontre.

4. Devinettes. Que remplace les pronoms *le*, *la*, *les* ?

Exemple : Je l'ouvre quand je rentre chez moi → ***la porte***

a. Je l'appelle pour réparer ma serrure ou ouvrir ma porte. ....

b. Nous les trions avant de les jeter. ....

c. Vous le prenez pour monter à votre appartement. ....

d. Je les vois tous les jours parce qu'ils habitent dans mon immeuble. ....

e. Tu le contactes pour réparer ton ordinateur. ....

Vocabulaire

L'immeuble, les réparations — p. 111

1. Écoutez les problèmes de ces personnes. Elles contactent quel professionnel ? 🔊 76

	a	b	c	d	e
Un plombier					
Un serrurier					
Un peintre					
Un informaticien					
Un électricien					

2. Complétez le dialogue avec les mots suivants.

porte d'entrée – plombier – voisin – réparer – résidence – appartement

– Bonjour monsieur, je suis votre nouveau ……………………………, j'habite à côté de chez vous, dans l' …………………………… au deuxième étage.

– Bonjour, enchanté ! Tout va bien ? Vous êtes content d'habiter dans notre …………………………… ?

– Oui, je suis très content mais j'ai un petit problème dans ma salle de bains. Il y a une fuite d'eau. Vous connaissez un …………………………… pour …………………………… cette fuite ?

– Bien sûr, Monsieur Lambert. Il habite au rez-de-chaussée, à côté de la …………………………… .

3. Associez les débuts et fins de phrases.

a. Merci de trier vos déchets avant
b. J'ai visité un appartement dans le centre mais
c. Tu as téléphoné au plombier pour
d. Il a visité l'appartement de mon voisin et
e. Pour décorer notre salon

1. nous allons mettre des tableaux.
2. il a décidé de déménager en décembre.
3. j'ai préféré le studio à côté de la gare.
4. de les jeter à la poubelle.
5. réparer la fuite d'eau dans la salle de bains.

Phonie-graphie — Le « e » final non prononcé et l'enchaînement consonantique

Écoutez. Soulignez les « e » prononcés et barrez les « e » non prononcés. 77

a. – Bonjour, je suis votre nouveau voisin.
   – Bonjour, bienvenue dans notre immeuble !

b. – Il est interdit de mettre les vélos dans le hall !
   – Oui, il est aussi interdit de fumer dans les parties communes.

c. – Mon ami cherche une chambre à louer dans ton quartier.
   – Ah oui. C'est une bonne idée !

d. – Aujourd'hui, il y a beaucoup de bruit dans votre appartement.
   – Je suis désolée. Mes enfants sont là. Ils vont demain dans une nouvelle école.

e. – Ma voisine a oublié ses clés. Elle recherche un serrurier.
   – Elle peut appeler son assurance pour être en contact avec un professionnel.

Compréhension orale

Nouveau logement

Écoutez le document et répondez aux questions. 78

1. Pourquoi Mona est-elle fatiguée ?

....

2. Mona :   ❏ a déménagé   ❏ va déménager.

3. L'appartement est devant la bibliothèque.   ❏ Vrai   ❏ Faux

4. Complétez la phrase : l'appartement de Mona fait .... mètres carrés.

5. Dans la cuisine, il y a un four, un lave-linge, un frigo et une cuisinière.   ❏ Vrai   ❏ Faux

6. Que peut voir Mona derrière son appartement ?

....

7. Dans le salon, il y a :
   ❏ un canapé et deux fauteuils.
   ❏ un canapé et un fauteuil.
   ❏ un canapé mais pas de fauteuil.

8. Quel est le problème de Clarisse ?

....

9. Le collègue de Mona peut aider Clarisse parce qu'il est :
   ❏ plombier.
   ❏ peintre.
   ❏ informaticien.

Production écrite

Vous partez en vacances et vous souhaitez louer votre studio. Vous écrivez une annonce pour décrire votre studio meublé. Vous expliquez pourquoi votre logement est agréable.

Bilan linguistique

..../ 40

Grammaire

1. Conjuguez les verbes au passé composé.   ..../ 5

a. Mes voisins (*déménager*) .... hier.

b. Vous (*trouver*) .... une belle maison !

c. J' (*décorer*) .... ma chambre.

d. Tu (*visiter*) .... combien d'appartements ?

e. Paul (*acheter*) .... un réfrigérateur et une machine à laver.

2. Remettez les phrases dans l'ordre.   ..../ 5

a. du / canapé / La lampe / est / à côté ....

b. ai / un appartement / à gauche / J'/ du / cinéma / trouvé ....

c. Mon /dormir / le fauteuil / aime / sous / chat ....

d. sur / oublié / as / clés / tes / Tu / la table ....

e. est / du frigo / La machine à laver / à droite ....

3. Cochez la phrase de même sens.   ..../ 5

a. Défense de fumer !
❏ Je ne dois pas fumer.
❏ Je peux fumer.

b. Prière de respecter les voisins après 22 h.
❏ Vous pouvez écouter de la musique et danser le soir.
❏ Vous ne devez pas déranger les voisins le soir.

c. Interdiction de manger dans la classe.
❏ Il est possible de manger dans la classe.
❏ Vous ne pouvez pas manger dans la classe.

d. Merci de trier les déchets.
❏ Il est nécessaire de trier les déchets.
❏ Je ne dois pas trier les déchets.

e. Fermez la porte à clé.
❏ Vous devez fermer la porte à clé.
❏ Vous pouvez fermer la porte à clé.

4. Quel pronom remplace les mots soulignés ? Entourez la bonne réponse.   ..../ 5

a. Il visite l'appartement ce soir.   le / la / l'

b. Elle connaît son voisin.   le / la / les

c. Vous mettez la télévision en face du canapé.   le / la / l'

d. Il répare le lave-linge et la cuisinière.   les / le / la

e. Notre chat adore cet endroit de l'appartement.   la / l' / les

Vocabulaire

1. Écrivez le nom des meubles et des objets. ..../5

a. ....
b. ....
c. ....
d. ....
e. ....

2. Lisez les phrases et associez une activité à une pièce de la maison. ..../5

a. Gabrielle prépare le dîner.
b. Je me brosse les dents.
c. Juliette dort.
d. Les enfants jouent au ballon.
e. On regarde la télévision.
f. Noémie prend une douche.

1. dans le salon.
2. dans la salle de bains.
3. dans la chambre.
4. dans la cuisine.
5. dans le jardin.

3. Complétez les phrases avec les mots suivants. ..../5

la pelouse – appartements – voisins – la porte d'entrée – l'escalier

a. L'ascenseur ne fonctionne plus, je vais monter par ....

b. Dans notre résidence, il est interdit de marcher sur ....

c. Mes .... sont très gentils, je les rencontre souvent dans l'ascenseur.

d. Il est nécessaire de fermer .... de l'immeuble.

e. Dans notre immeuble, il y a 10 ....

4. Cochez la bonne réponse. ..../5

a. Le plombier :
❑ change les portes.
❑ répare les fuites d'eau.
❑ change les lampes.

b. Le peintre :
❑ change la couleur des murs.
❑ répare les ascenseurs.
❑ répare votre ordinateur.

c. Le serrurier :
❑ cherche vos clés.
❑ trouve des clés.
❑ répare des serrures.

d. L'informaticien :
❑ donne des informations.
❑ répare les ordinateurs.
❑ répare les télévisions.

e. L'électricien :
❑ répare les vélos.
❑ répare un fauteuil.
❑ répare une lampe.

Unité 7

quatre-vingt-sept | 87

1. Compréhension de l'oral

Vous allez écouter un document. Pour répondre aux questions, cochez (✓) la bonne réponse.

Exercice 3 de l'épreuve

[4 points]

Lisez les questions. Écoutez le document puis répondez. Vous écoutez le message suivant sur votre répondeur téléphonique.

1 ▪ Au bureau, il y a un problème avec… [1 point]
- A ❑ l'eau.
- B ❑ l'électricité.
- C ❑ le chauffage.

2 ▪ Où sont rangés les livres ? [1 point]
- A ❑ Dans l'armoire.
- B ❑ Dans le couloir.
- C ❑ Dans la cuisine.

3 ▪ Où est l'ordinateur ? [1 point]
- A ❑ À droite de l'armoire.
- B ❑ À gauche de l'armoire.
- C ❑ En face de l'armoire.

4 ▪ À quelle heure est la réunion mardi ? [1 point]
- A ❑ À 13 h 30.
- B ❑ À 15 h 30.
- C ❑ À 17 h 30.

2. Compréhension des écrits

Pour répondre aux questions, cochez (✓) la bonne réponse.

Exercice 1 de l'épreuve

[6 points]

Vous recevez ce message de votre ami belge. Lisez le document et répondez aux questions.

De : karim@gmail.com
Objet : Déménagement

Salut,
Avec ma femme, nous déménageons dans un plus grand appartement pour l'arrivée du bébé. Tu peux nous aider ? Il y a beaucoup de meubles et en plus nous avons acheté une table basse et un fauteuil au vide-grenier ! C'est au 5ᵉ étage sans ascenseur. On offre les boissons ! L'immeuble est au 3 rue du Capitole et le code de la porte est A423.
À bientôt !
Karim

1 ▪ Pourquoi Karim déménage ? [1 point]
- A ❑ Il va se marier.
- B ❑ Il va avoir un enfant.
- C ❑ Il va travailler à l'étranger.

2 ▪ Qu'est-ce que Karim a acheté ? [1,5 point]

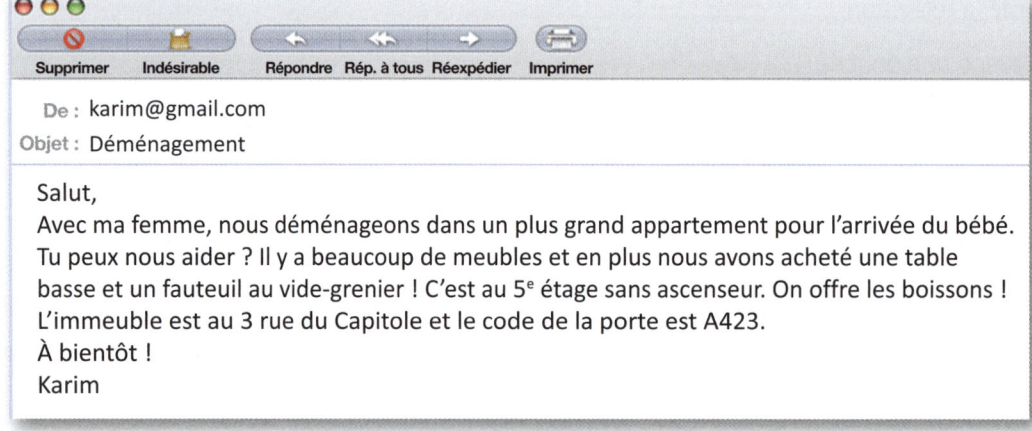

A ❑   B ❑   C ❑

3 | À quel étage est l'appartement ? `1 point`
  A ☐ Au 3ᵉ.   **B** ☐ Au 5ᵉ.   **C** ☐ Au 7ᵉ.

4 | Dans l'immeuble, il n'y a pas… `1 point`
  A ☐ de parking.   **B** ☐ d'ascenseur.   **C** ☐ de garage à vélos.

5 | Qu'est-ce que Karim prépare ? `1,5 point`

  A ☐   **B** ☐   **C** ☐

3. Production écrite

Exercice 1 de l'épreuve `10 points`

Vous êtes en vacances en France. Vous remplissez ce formulaire pour vous inscrire au vide-grenier.

```
Nom : XXXXXXXXXXXXXXXXXX
Prénom : ..................................................................................... / 1
Date de naissance : ........................................................... / 1
Nationalité : ........................................................................ / 1
Courriel : ............................................................................. / 1
Adresse (numéro et rue) : ................................................. / 1
Pays : .................................................................................... / 1
Téléphone : ......................................................................... / 1
Profession : ......................................................................... / 1
Meubles à vendre :
– ............................................................................................ / 1
– ............................................................................................ / 1
```

4. Production orale

Partie 2 de l'épreuve : échange d'informations

Vous posez des questions à l'examinateur à partir des mots écrits sur les cartes. Vous ne devez pas réutiliser uniquement le mot mais surtout l'idée.

Canapé ?   Maison ?   Adresse ?   Jardin ?   Chien ?   Appartement ?

Unité 7

quatre-vingt-neuf | 89

2. Trouvez les mots dans la grille.

appartement – escalier – réfrigérateur – tableau – lit – cuisine – chambre – fauteuil – canapé – four

C	A	N	A	P	E	D	G	O	U	L	F	I
U	S	E	D	O	T	U	R	J	O	U	G	A
I	C	H	U	G	F	A	U	T	E	U	I	L
S	E	O	H	V	J	I	P	M	A	I	F	S
I	G	T	F	T	C	H	A	M	B	R	E	T
N	S	P	O	C	A	O	S	U	O	L	E	E
E	P	S	U	E	E	S	C	A	L	I	E	R
J	U	A	R	I	C	H	C	E	U	K	E	X
N	F	Y	O	M	P	K	Y	R	E	A	B	O
I	F	O	T	A	B	L	E	A	U	U	I	L
A	U	A	R	O	P	A	T	I	L	L	A	I
S	P	A	P	P	A	R	T	E	M	E	N	T
U	S	K	O	Q	B	W	O	M	R	W	P	U
R	E	F	R	I	G	E	R	A	T	E	U	R

1. Devinettes.

a. Je suis confortable, je suis dans le salon. _ _ _ _ _ _

b. Je suis un meuble de la chambre pour dormir. _ _ _

c. Je sers à ranger les vêtements, je suis dans la chambre. _ _ _ _ _ _

d. Je suis un objet utile dans la cuisine pour réchauffer un plat, une boisson. _ _ _ _ _-_ _ _ _ _

3. Le petit bac
Trouvez des mots qui commencent par la lettre indiquée.

Avec la lettre	Pièces de la maison ou parties du logement	Objets de la maison / Meubles
T		
C		
F	*Fenêtre*	

4. Trouvez les lettres pour compléter le mot.

a. F _ _ T _ _ IL
b. R _ _ RI _ ER _ T _ UR
c. _ M _ EU _ LE
d. D _ _ EN _ G _ R
e. _ UI _ IN _ ERE

5. Charades. Qu'est-ce que c'est ?

a. Mon premier est un adjectif possessif féminin : ....
Mon deuxième est une couleur : ....
Mon tout est un meuble de la cuisine ou du salon : ....

b. Mon premier est une voyelle : ....
Mon deuxième est le contraire de « avec » : ....
Mon troisième est le féminin de « frère » : ....
Mon tout monte et descend dans un immeuble : ....

Unité 8

En forme !

Grammaire

▶ Le passé composé (2) — p. 117

1. Écoutez et cochez si vous entendez le présent ou le passé composé. 🎧 80

	a	b	c	d	e	f
Présent						
Passé composé						

2. Conjuguez les verbes au passé composé.

a. Il (*muscler*) .... son dos.

b. Alice (*faire*) .... une radio.

c. Nous (*boire*) .... du sirop.

d. Elles (*acheter*) .... des vitamines.

e. Je (*pouvoir*) .... prendre rendez-vous.

f. Vous (*finir*) .... de vous reposer.

3. Transformez le texte au passé composé.

> Aujourd'hui, je vais au restaurant avec des amis. Je prends une blanquette de veau avec une salade. Plus tard, je vais à la maison, et je commence à me sentir mal. J'ai très mal au ventre. J'appelle le docteur. Il pense à une indigestion. Il me dit de boire beaucoup d'eau, et de me reposer. Je suis malade pendant trois jours !

Hier, je **suis allé** au restaurant avec des amis. ....

....

....

....

....

....

4. Écrivez le participe passé des verbes.

a. nager : ....

b. prendre : ....

c. dormir : ....

d. avoir : ....

e. vouloir : ....

f. faire : ....

Grammaire

▸ Le pronom Y

p. 118

1. Remettez les mots dans l'ordre pour former une phrase.

a. y / Tu / souvent. / vas ....

b. suis. / J' / y ....

c. Nous / allons / pour / la / y / radio. / passer ....

d. n' / pas. / y / Je / travaille ....

e. médicaments / y / sont. / Les ....

2. Associez les questions et les réponses.

a. Est-ce que tu vas chez le médecin aujourd'hui ?   1. Non, il n'y arrive pas.

b. Est-ce que ta serviette de bain est dans ton sac ?   2. Oui, il y travaille tous les jours.

c. Est-ce que ton père travaille à l'hôpital ?   3. Non, nous n'y participons pas.

d. Est-ce que ton frère arrive à nager un kilomètre ?   4. Non, je n'y vais pas.

e. Est-ce que vous participez au match de tennis ?   5. Oui, elle y est.

3. Remplacez les éléments soulignés par le pronom *y*.

Exemple : Tu vas à l'hôpital. ➔ *Tu y vas.*

a. Mon père fait son jogging dans ce parc. ➔ ....

b. L'infirmier travaille à l'hôpital. ➔ ....

c. J'achète mes vitamines sur Internet. ➔ ....

d. Il joue au tennis. ➔ ....

e. Marie pratique le Pilates chez elle. ➔ ....

f. Nous prenons les médicaments à la pharmacie. ➔ ....

4. Écoutez et associez un enregistrement à une photo. 🔊 81

1

2

3

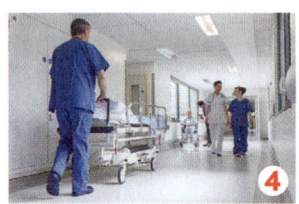
4

5

6

Vocabulaire

Le corps et la santé p. 119

1. Regardez les images et dites où ces personnes ont mal.

Exemple : *Elle a mal à la gorge*   a. ....   b. ....

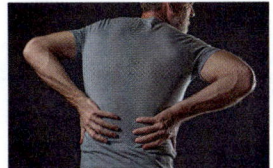

c. ....   d. ....   e. ....

2. Remettez les lettres dans l'ordre pour trouver les parties du visage.

a. l'elelior → ....

b. la tdne → ....

c. les exyu → ....

d. le nze → ....

e. la ceobuh → ....

f. l'eloi → ....

3. Associez les questions et les réponses.

a. Vous mesurez combien ?

b. Quel est votre poids ?

c. Qu'est-ce qui vous arrive ?

d. Vous avez de la fièvre ?

e. Tu as pris rendez-vous chez le docteur ?

1. Oui, j'ai 39° C.
2. Oui, il fait la visite à domicile.
3. J'ai mal à la gorge.
4. Je pèse 65 kg.
5. Je mesure 1,68 m.

4. Écoutez et écrivez l'émotion entendue. 82

a. ....   c. ....

b. ....   d. ....

Phonie-graphie   La consonne [R]

Écoutez. Soulignez les « r » prononcés et barrez les « r » non prononcés. Lisez le texte. 83

FORUM RANDONNÉE   Rechercher

Bonjour, je vais vous raconter une histoire particulière. Le mois dernier, j'ai fait une randonnée dans le Vercors, à côté de Grenoble. J'ai marché pendant des heures. Puis j'ai rencontré un groupe de personnes de nationalités différentes. Nous avons beaucoup parlé. Nous avons dormi sous des arbres. Le matin, au réveil, nous avons découvert un petit ours endormi près de nous. Nous avons bougé tout doucement pour ne pas le réveiller.

Grammaire

▶ L'obligation et l'interdiction (2) — p. 123

1. Écoutez les phrases et cochez l'obligation ou l'interdiction. 🎧 84

	a	b	c	d	e	f
Obligation						
Interdiction						

2. Conjuguez les verbes pour exprimer des obligations ou des interdictions.

   a. Tu (*devoir*) .... marcher plus souvent.

   b. Il (*ne pas falloir*) .... manger tous ces bonbons.

   c. Vous (*ne pas devoir*) .... aller au fast-food après le sport.

   d. Il (*falloir*) .... prendre une serviette.

   e. Il (*ne pas devoir*) .... téléphoner et courir en même temps.

3. Complétez les phrases avec *il faut* ou *devoir*.

   a. Vous .... faire du vélo tous les jours.

   b. (*ne pas*) .... manger trop de chocolat.

   c. Je .... avoir mon certificat médical.

   d. Nous (*ne pas*) .... entrer dans la salle avec des chaussures de ville.

   e. .... mettre ses affaires au vestiaire.

4. Formulez une obligation ou une interdiction par image.

Exemple : *Vous devez enlever vos chaussures avant d'entrer dans le gymnase.*

a. ....

b. ....

c. ....

d. ....

e. ....

Grammaire

▸ Le conseil ——————————————————————— p. 124

1. Écoutez et associez les conseils de même sens. 🎧 85

   a. Utilise du savon pour les mains.   conseil n° ………
   b. Tu peux faire de la course à pied.   conseil n° ………
   c. Tu peux voir un coach.   conseil n° ………
   d. Vous pouvez manger moins sucré.   conseil n° ………
   e. Bougez.   conseil n° *1*
   f. Bois de l'eau.   conseil n° ………

2. Conjuguez les verbes à l'impératif pour exprimer un conseil.

   a. (*prendre / vous*) ……………………………… une douche après le sport.
   b. (*acheter / tu*) ……………………………… plus de légumes au supermarché.
   c. (*jouer / tu*) ……………………………… au tennis.
   d. (*perdre / vous*) ……………………………… du poids pour être en forme.
   e. (*respecter / tu*) ……………………………… les règles.

3. Écrivez les phrases de l'exercice 2 avec le verbe *pouvoir* pour exprimer un conseil.

   Exemple : (*faire / tu*) Fais de l'activité physique. → *Tu peux faire de l'activité physique.*

   a. ……
   b. ……
   c. ……
   d. ……
   e. ……

4. Exprimez des conseils.

   Sofia est étudiante et elle a une mauvaise hygiène de vie.
   Donnez à Sofia 5 conseils pour aller mieux.
   Exemple : *Fais du sport !*

   a. ……
   b. ……
   c. ……
   d. ……
   e. ……

Vocabulaire

Le sport, l'alimentation ——————————————————— p. 125

1. Associez un sport à une image. (Il y a deux intrus.)

le judo – le yoga – le rugby – la gymnastique – la musculation – la course à pied – le tennis.

a. .... b. .... c. ....

d. .... e. ....

2. Complétez le texte avec les mots proposés.

un coach – l'activité physique – musculation – une alimentation saine – la natation – la salle de sport

Il faut faire de .... pour être en forme. Moi, deux fois par semaine,
je fais de ...., et je vais aussi à ....
J'ai .... et il me montre des exercices de ....
Ce n'est pas facile ! J'essaie aussi d'avoir .... avec des fruits et des légumes.

3. Écoutez et cochez l'endroit où se passe la situation. 86

	À la salle de sport	Au sauna	Chez le docteur	Au vestiaire	Au supermarché
a.					
b.					
c.					
d.					
e.					

Phonie-graphie — Les consonnes [b] et [v]

Écoutez les phrases et indiquez combien de fois vous entendez [b] et [v]. 87
Puis, répétez les phrases.

	[b]	[v]
a. Après une activité sportive, je prends un bon bain.	2	2
b. Pour être en bonne santé, vous devez boire beaucoup d'eau !		
c. Mes voisins ont changé d'habitudes alimentaires. Ils vont beaucoup mieux !		
d. En vacances, nous voyageons en voiture et nous visitons souvent les villages à vélo.		
e. Pour leur bien-être, ils doivent bouger beaucoup et ne plus boire de vin !		

Compréhension écrite

Qu'est-ce qui vous arrive ?

Docteur Marc Antoine
Médecine générale
3 rue des pommeaux d'or
06500 Menton

Consultation sur rendez-vous
03 56 76 56 45 ou sur doctolib.com

Date : 04/05/2021
Madame Dominique Montfort
Femme 65 kg 1,70 m
Né(e) le 22/08/80 41 ans

1) Paracétamol
   3 fois par jour

2) Examen : radio du bras

Lisez le document et répondez aux questions.

1. Qui a écrit ce document ?
....

2. Comment faire pour prendre rendez-vous ?
....
....

3. Lisez et cochez vrai ou faux.

	Vrai	Faux
a. Dominique est un homme.	❏	❏
b. Dominique pèse 70 kg.	❏	❏
c. Sa date de naissance est le 22/08/1980.	❏	❏

4. Dominique a mal :
❏ au dos   ❏ à la tête   ❏ au bras   ❏ au pied

5. Qu'est-ce que Dominique doit faire ?
....

Production orale

JEUX DE RÔLE
À deux. Choisissez la fiche A ou B. Lisez les informations de votre fiche et jouez la scène avec votre partenaire.

Apprenant A
Ce matin, vous vous réveillez avec la grippe. Vous appelez le docteur pour parler de vos symptômes et demander de l'aide pour aller mieux.

Apprenant B
Vous êtes médecin. Un(e) patient(e) vous appelle pour vous parler de ses symptômes, il/elle a la grippe. Vous lui donnez des conseils pour l'aider à aller mieux.

Bilan linguistique ..../ 40

Grammaire

1. Réécrivez ces phrases avec le sujet proposé. ..../ 5

a. J'ai dû aller à la pharmacie. (*Mes parents*) ....
b. Mes parents ont été malades. (*Hugo*) ....
c. Tu as fait une radio ? (*Vous*) ....
d. Melissa a pris du sirop. (*Mes sœurs*) ....
e. Nous avons mangé des légumes. (*Tu*) ....

2. Utilisez le pronom y pour éviter les répétitions. ..../ 5

a. Elle est à l'hôpital parce qu'elle fait une radio à l'hôpital.
....

b. Je vais à la pharmacie parce que j'achète mes médicaments à la pharmacie.
....

c. Nous allons à Paris parce que nous courons le marathon de Paris.
....

d. Rose part chez le médecin parce qu'elle a rendez-vous chez le médecin.
....

e. Tu vas au stade parce que tu joues au football au stade.
....

3. Écrivez le règlement du bowling. Pour chaque proposition, formulez une obligation ou une interdiction. ..../ 5

BOWLING DU PALAIS
a. fumer à l'intérieur. ....
b. utilser les boules à l'exérieur de la piste. ....
c. porter des chaussures spéciales. ....
d. courir sur la piste. ....
e. gagner la partie. ....

4. Transformez ces phrases en utilisant l'impératif. ..../ 5

a. Tu dois faire beaucoup de sport. ....
b. Vous devez aller voir le docteur. ....
c. Tu dois pratiquer la relaxation. ....
d. Vous devez acheter de la nourriture saine. ....
e. Tu dois éteindre ton téléphone pour courir. ....

Vocabulaire

1. Écrivez le mot correspondant à l'image. ..../5

a. .... b. .... c. ....

d. .... e. ....

2. Cochez dans le tableau les émotions positives ou négatives. ..../5

	Émotion positive	Émotion négative
a. Je suis fatigué, j'ai mal dormi hier soir.		
b. Elle est heureuse de retourner courir.		
c. Nous sommes tristes, nous avons perdu le match.		
d. Il est stressé d'aller voir le dentiste.		
e. Nous sommes contents de cette application.		

3. Trouvez les lettres manquantes et complétez les activités sportives. ..../5

a. la _ _ m _ _ _ t i _ _ _

b. le _ _ d _

c. la n _ t _ _ i _ _

d. la _ a _ _ h _

e. la _ u _ _ u _ _ _ i o _

4. Lisez les phrases et cochez vrai ou faux. ..../5

	Vrai	Faux
a. Le docteur écrit le certificat médical.	❏	❏
b. Il a une alimentation saine, il mange 4 fois par semaine au fast-food.	❏	❏
c. Je prends une serviette pour aller à la piscine.	❏	❏
d. Les tomates sont des produits gras.	❏	❏
e. Vous avez besoin d'un coach pour aller au supermarché.	❏	❏

1. Compréhension de l'oral

Exercice 5 de l'épreuve

5 points

Vous allez entendre un message. Quels objets sont donnés dans le message ? Vous entendez le nom de l'objet ? Cochez oui. Sinon, cochez non. Écoutez à nouveau le message. Vous pouvez compléter vos réponses.

1 A ☐ Oui   B ☐ Non
2 A ☐ Oui   B ☐ Non
3 A ☐ Oui   B ☐ Non
4 A ☐ Oui   B ☐ Non
5 A ☐ Oui   B ☐ Non

2. Compréhension des écrits

Pour répondre aux questions, cochez () la bonne réponse.

Exercice 1 de l'épreuve

6 points

Vous recevez ce message de votre ami suisse.

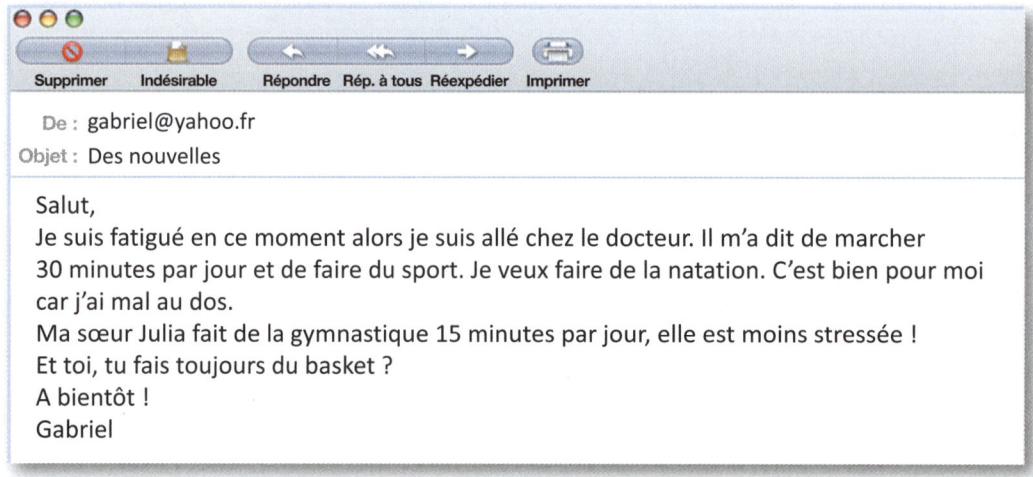

De : gabriel@yahoo.fr
Objet : Des nouvelles

Salut,
Je suis fatigué en ce moment alors je suis allé chez le docteur. Il m'a dit de marcher 30 minutes par jour et de faire du sport. Je veux faire de la natation. C'est bien pour moi car j'ai mal au dos.
Ma sœur Julia fait de la gymnastique 15 minutes par jour, elle est moins stressée !
Et toi, tu fais toujours du basket ?
A bientôt !
Gabriel

1 | Comment se sent Gabriel ? *1 point*
A ☐ Triste.   B ☐ Stressé.   C ☐ Fatigué.

2 | Combien de temps Gabriel doit marcher ? *1 point*
A ☐ 15 minutes.   B ☐ 30 minutes.   C ☐ 45 minutes.

3 | Quel sport veut faire Gabriel ? (1,5 point)

A ☐

B ☐

C ☐

4 | Gabriel a mal… (1 point)
   A ☐ au dos.   B ☐ au ventre.   C ☐ aux jambes.

5 | Quel sport fait la sœur de Gabriel ? (1,5 point)

A ☐

B ☐

C ☐

3. Production écrite

Exercice 1 de l'épreuve (10 points)

Vous êtes en France, vous vous inscrivez au club de sport. Vous complétez ce formulaire.

Nom : XXXXXXXXXXXXXXXXX	
Prénom : _____	/ 1
Âge : _____	/ 1
Nationalité : _____	/ 1
Adresse (numéro et rue) : _____	/ 1
Ville : _____	/ 1
Pays : _____	/ 1
Téléphone : _____	/ 1
Sports pratiqués :	
– _____	/ 1
– _____	/ 1
Date d'inscription : _____	/ 1

4. Production orale

Partie 2 de l'épreuve : échange d'informations

Vous posez des questions à l'examinateur à partir des mots écrits sur les cartes. Vous ne devez pas réutiliser uniquement le mot mais surtout l'idée.

Natation ?   Yoga ?   Content ?   Médecin ?   Sport ?   Dentiste ?

Jeux

1 Cochez.

Pour vous, le sport c'est :
❏ important
❏ stressant
❏ une passion
❏ une perte de temps
❏ une aide pour dormir
❏ pour perdre du poids
❏ pour être en forme
❏ Autre ? ....

2 Lisez de droite à gauche et trouvez les 6 parties du corps.

AZTERTNEVRVAZSARB
IRDEIPOLAST
ANSOBEJEBMAJ
REGROGTSRUE
SUASODTM

3 Devinettes des sports.

a. On y joue avec un ballon. Il y a deux équipes et onze joueurs par équipe. On voit souvent ce sport à la télévision. Il y a beaucoup de sportifs célèbres. _ _ _ _ _ _ _

b. C'est un sport qui se pratique dans une salle de sport, seul(e) ou avec l'aide d'un coach. _ _ _ _ _ _ _ _ _

c. On y joue à deux ou à quatre. On a besoin de raquettes et de balles. Il faut courir. Roland-Garros est associé à ce sport. _ _ _ _ _ _

d. C'est un sport qui se pratique sur un tapis avec deux personnes. Il faut porter une tenue spéciale. C'est un sport japonais. _ _ _ _

e. On y joue en équipe et avec un ballon. On utilise surtout les mains. On parle souvent de ce sport à 15. Il vient d'Angleterre. _ _ _ _ _

4 Questions de personnalité.

a. Quel est votre aliment préféré ? ....
b. Vous aimez quel type de restaurant ? ....
c. Vous êtes sportif(-ive) ou vous préférez regarder la télévision ? ....
d. Quelle est la partie de votre visage que vous préférez ? ....
e. Qu'est-ce qui vous rend heureux(-se) ? ....
f. Quelle situation vous stresse ? ....

5 Mimes.

Par deux. Mimez une émotion pour la faire deviner à votre partenaire.

Unité 9

Bonnes vacances !

Grammaire

▷ La comparaison — p. 131

1. Complétez les phrases avec *plus...que/qu'* ou *moins ... que/qu'*.

   a. La chambre familiale est .... grande .... la chambre simple.

   b. Les vacances à la campagne sont .... calmes .... à la mer.

   c. Le camping est .... confortable .... l'hôtel.

   d. Dans mon pays, il fait .... chaud en été .... en hiver.

2. Remettez les mots dans l'ordre pour former des phrases.

   a. que / plus / est / voiture. / avion / L' / rapide / la
   ....
   ....

   b. vue / rue. / La / est / sur / mer / belle / que / vue / la / la / plus / sur
   ....
   ....

   c. le / moins / cher / petit déjeuner / que / Le / dîner./ est
   ....
   ....

3. Écoutez et complétez les phrases avec l'adjectif et le comparatif. 🎧 89

   a. Cette chambre d'hôte dans le centre-ville est .... que cette location à la campagne.

   b. Léa préfère les vacances .... que Naïm.

   c. Ce van est .... qu'un hôtel.

   d. Le croissant de l'hôtel est .... que le croissant de la boulangerie.

4. Reformulez les phrases comme dans l'exemple.

   Exemple : Le camping est moins cher que l'hôtel.
   → *L'hôtel est plus cher que le camping*

   a. Le vélo est plus écologique que la voiture.
   → La voiture ....
   ....

   b. Les vacances en ville sont moins sportives que les vacances à la montagne.
   → Les vacances à la montagne ....
   ....

   c. Les croissants du supermarché sont moins bons que les croissants de l'hôtel.
   → Les croissants de l'hôtel ....
   ....

cent trois | 103

Grammaire

▸ Les prépositions devant les noms de villes et de pays (2) — p. 132

1. Entourez la réponse correcte.

   a. Adel vient *du / d' / de* Tunisie.

   b. Sihem arrive *du / d'/ des* Portugal.

   c. Olga vient *du / d' / de* Ukraine.

   d. Christine arrive *des / d' / du* Philippines.

2. Complétez les phrases avec *de*, *des*, *du* ou *d'*.

   a. Ce joli kimono vient .... Japon.

   b. Ce café vient .... Colombie.

   c. Mon pantalon vient .... Vietnam.

   d. Ces mangues viennent .... Thaïlande.

3. Écoutez, choisissez la bonne image et indiquez de quels pays viennent ces plats. 90

1

2

3

   a. *Ils viennent du Mexique.*

4

6

5

4. Complétez les phrases avec les verbes conjugués au présent et *du*, *de / d'* ou *des*.

   Exemple : Maria *vient du* Pérou

   a. – Vous (venir) .... Brésil ? – Oui, on (venir) .... Rio.

   b. Tu (arriver) .... États-Unis lundi, je viens te chercher.

   c. Nos parents viennent de rentrer, ils (revenir) .... Italie.

   d. Mon avion (arriver) .... Londres.

Vocabulaire

Les vacances p. 133

1. Soulignez la bonne réponse.

   a. J'ai réservé un camping pour nos vacances. On va dormir sous *la tente* / *le lit double*.
   b. Pour les enfants, loger dans *un hôtel* / *une ferme*, c'est idéal ! Ils adorent voir les animaux !
   c. Les animaux ne sont pas *réservés* / *acceptés* dans cet hôtel.
   d. Les Français *partent* / *arrivent* souvent à la mer.
   e. Est-ce qu'il y a *un parking* / *un aéroport* pour se garer à côté de l'hôtel ?

2. Barrez l'intrus.

   a. la voiture – le van – la location – l'avion
   b. se baigner – réserver – bronzer – faire du surf
   c. revenir – arriver – rentrer – payer
   d. cher – sympa – génial – magnifique
   e. un camping – une ferme – une location – une randonnée

3. Écoutez et associez un enregistrement à un lieu de vacances. 91

À la mer	À la montagne	À la campagne	En ville

Phonie-graphie — Les consonnes [f] et [v]

1. Écoutez les phrases et indiquez combien de fois vous entendez [f] et [v]. 92
Puis, répétez les phrases.

	[f]	[v]
a. En février, vous voulez partir en vacances avec votre famille.	2	5
b. Voyager en voiture, c'est facile, mais voyager à vélo, c'est fatiguant !		
c. Vous êtes sportif ou sportive, vivez une nouvelle aventure !		
d. Vendredi, vous devez téléphoner pour réserver votre voyage.		
e. Vous préférez visiter un village ou faire une activité différente ?		

2. Écoutez et complétez le texte avec les graphies correctes. 93

Pendant les ......acances, ...ous a......ez ......oyagé en ......oiture pour ......isiter des ......illages en ......rance. Vous a......ez ......u des paysages magni......iques, ...ous a......ez ......ait des acti......ités di......érentes et ......ous a......ez dormi dans une ......erme ......amiliale. Une belle a......enture a......ec beaucoup de ......otos !

Grammaire

▶ Le passé composé avec *être* — p. 137

1. Souslignez la bonne réponse.

a. Je *suis* / *J'ai* parti il y a une semaine.

b. Nous *avons* / *sommes* rentrés en avion.

c. On *est* / *a* marché dans le centre historique.

d. Ils *ont* / *sont* allés à Athènes.

e. Vous *avez* / *êtes* nagé tous les jours ?

2. Complétez les participes passés avec *s*, *e*, *es* si nécessaire.

Exemple : Annah est revenu**e** hier de Madagascar.

a. Qu'est-ce qu'elle a pensé...... de son voyage ?

b. Mes parents sont allé...... en Martinique pendant les vacances.

c. Mon mari et moi sommes parti...... à Venise pour notre anniversaire de mariage. Nous avons adoré... !

d. Elles sont rentré...... de la plage à quelle heure ?

e. Aïcha, tu as fait...... de la plongée pendant tes vacances ?

3. Complétez les phrases au passé composé.

Exemple : Louis, d'habitude, tu pars à la mer. Mais l'année dernière, tu **es parti** à la montagne.

a. En général, je vais en Corse en bateau. Mais cet été, j'y .... en avion.

b. D'habitude, il rentre de la plage à 18 h. Mais hier, il .... à 17h.

c. En général, ma sœur arrive en avance à l'aéroport. Mais cette fois, elle .... en retard.

d. D'habitude, mes parents restent dormir à l'hôtel. Mais le week-end dernier, ils .... chez eux.

4. Complétez avec les verbes au passé composé.

Les vacances de Julia
Elle .... (*partir*) de Paris lundi matin. Elle .... (*arriver*) à Tokyo le soir. Elle .... (*dormir*) dans un petit hôtel. Mardi, elle .... (*sortir*) tôt et elle .... (*aller*) visiter les principaux monuments. Mercredi, elle .... (*monter*) sur le mont Fuji. Et jeudi, elle .... (*prendre*) l'avion et elle .... (*rentrer*) en France.

5. Écoutez et répondez aux questions (réponses libres). 94

Exemple : Tu es revenue à quelle heure ? → *Je suis revenue à 9 h.*

a. On ....

b. J' ....

c. Elles ....

d. Nous ....

Grammaire

▷ Les verbes impersonnels à l'imparfait p. 138

1. Écoutez les phrases et cochez l'imparfait, le passé composé ou le présent. 🎧 95

	a	b	c	d	e	f	g
Imparfait							
Passé composé							
Présent							

2. Regardez les images et complétez la météo avec *Il y avait* ou *Il faisait*.

a. .... du soleil.   b. .... 31 degrés.   c. .... des nuages.

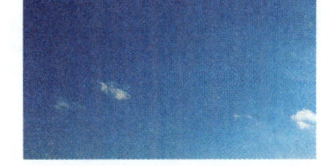 

d. .... beau.   e. .... froid.

3. Transformez les verbes à l'imparfait avec *il y avait, c'était, il faisait*.

Exemple : <u>C'est</u> très joli, ce château ! → **C'était très joli, ce château.**

a. <u>Il fait</u> mauvais. ....

b. <u>C'est</u> magnifique, ces paysages ! ....

c. <u>Il y a</u> trop de touristes dans ce musée. ....

d. <u>Il y a</u> de la neige au sommet de ces montagnes. ....

e. La cuisine locale, <u>c'est</u> très bon ! ....

4. Complétez la carte postale avec *il y avait, il faisait* ou *c'était*.

Chère Vanessa,
Je suis en vacances à Rome. C'est super !
Hier, j'ai marché dans le centre-ville.
.... très chaud.
Mais .... du vent.
J'ai visité la chapelle Sixtine. ....
.... beaucoup de monde mais
.... magnifique !
Le soir, ... plus frais
et on a mangé une pizza en terrasse.
.... délicieux !
J'ai fait beaucoup de photos.
Bisous,   Julia

Vocabulaire

La nature p. 129

1. Associez.

a. faire de la plongée dans   1. l'herbe
b. faire une randonnée dans   2. le lac
c. pique-niquer sur   3. les champs
d. faire du bateau sur   4. la mer

2. Lisez les définitions et trouvez l'animal.

Exemple : Il habite avec une famille et il dort beaucoup : *le chat*.

a. Elle donne du lait : la ....

b. Elle fait des œufs : la ....

c. Il chante et vit dans les arbres : l'.................... .

d. Il nage et vit dans la mer : le ....

e. Il se promène tous les jours : le ....

3. Écoutez et associez les dialogues aux images.  96

Dialogue   ....

Phonie-graphie — Les consonnes [k] et [g]

1. Écoutez les phrases et indiquez combien de fois vous entendez [k] et [g]. 97
Puis, répétez les phrases.

	[k]	[g]
a. Sur mon blog, je raconte mes vacances en quatre langues.	3	2
b. Notre groupe est d'accord pour goûter des spécialités sucrées.		
c. Quelles activités culturelles peut-on pratiquer avec un guide ?		
d. Le voyage en car, c'est agréable, confortable et économique.		
e. Le week-end, nous pique-niquons au bord d'un lac avec quatre amis.		

2. Écoutez et complétez le texte avec les graphies correctes. 98

Je suis en va......ances en Martinique. C'est magnifi......e ! Je marche beau......oup de ......ilomètres cha......e jour. J'ai ren......ontré un ......roupe de Mexicains très sympathi......es. Un ......ide nous or......anise des a......tivités ......ulturelles et nous dé......ustons des spécialités lo......ales. Les journées sont lon......es mais a......réables.

Compréhension orale

Photos de vacances

Écoutez le document et répondez aux questions.

1. Antoine est parti :
   ❏ à la plage.   ❏ à la montagne.   ❏ en ville.

2. Il a passé ses vacances avec :
   ❏ sa famille.   ❏ des amis.   ❏ des collègues.

3. Antoine n'a pas aimé les randonnées.
   ❏ vrai   ❏ faux

4. Antoine a aimé :
   ❏ l'hébergement.   ❏ la météo.
   ❏ les transports.   ❏ la nourriture.

5. Il y avait :
   ❏ des nuages.   ❏ de la pluie.   ❏ du soleil.

Production écrite

Répondez au courriel d'Antoine. Utilisez le passé composé et l'imparfait. (40 - 50 mots).

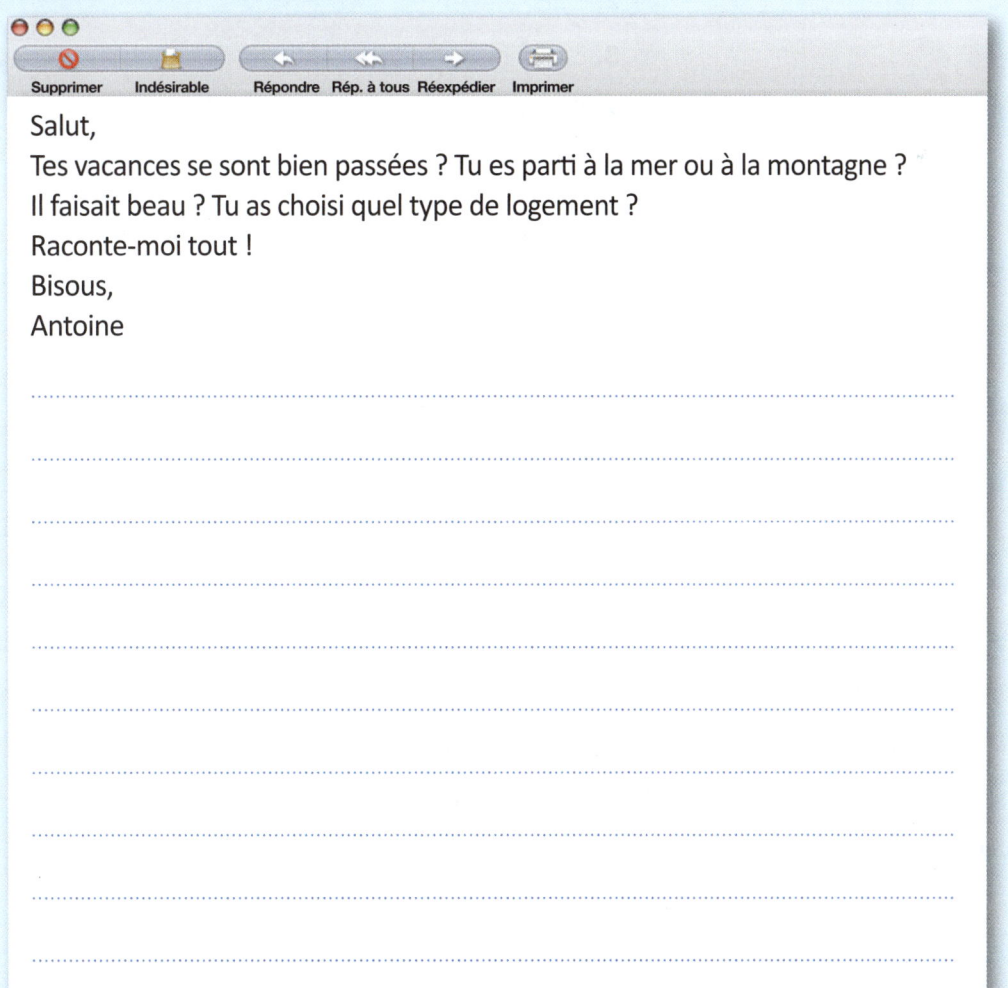

Salut,
Tes vacances se sont bien passées ? Tu es parti à la mer ou à la montagne ?
Il faisait beau ? Tu as choisi quel type de logement ?
Raconte-moi tout !
Bisous,
Antoine

Bilan linguistique

.... / 40

Grammaire

1. Lisez le tableau et soulignez la bonne réponse.   .... / 5

	Café de la Plage	Restaurant Chez Jeanne
Nombre de tables	60	12
Ouvert en	2004	1972
Prix du menu	30 €	18 €
Bouteille d'eau 1 l	4 €	4 €
Temps d'attente (service)	10 minutes	30 minutes

a. Le restaurant Chez Jeanne est *plus / moins* grand que le café de la Plage.

b. Le restaurant Chez Jeanne est *plus / aussi* vieux que le café de la Plage.

c. Le café de la Plage est *moins / plus* cher que le restaurant Chez Jeanne.

d. L'eau est *plus / aussi* chère au café de la Plage qu'au restaurant Chez Jeanne.

e. Le service est *plus / moins* rapide au café de la Plage.

2. Associez.   .... / 4

a. On arrive de   1. Cameroun.

b. Elle revient du   2. États-Unis.

c. Nous rentrons d'   3. Espagne.

d. Ils viennent des   4. Colombie.

3. Conjuguez au passé composé.   .... / 6

a. Elle .... (*revenir*) de Chine hier.

b. Ils .... (*aller*) au restaurant.

c. Vous .... (*marcher*) toute la journée ?

d. Il .... (*naître*) en 1999.

e. Marie, tu .... (*sortir*) hier soir ?

f. Nous .... (*rentrer*) du Canada.

4. Complétez les phrases avec les verbes impersonnels à l'imparfait.   .... / 5

a. J'ai visité le village de Giverny. .... (*être*) très joli !

b. On a fait une promenade en bateau. .... (*faire*) un peu froid.

c. Quand je suis arrivé à Moscou, ... (*avoir*) de la neige partout !

d. On a voyagé et dormi dans un van. .... (*être*) économique !

e. Au Mucem, ... (*avoir*) beaucoup de touristes.

Vocabulaire

1. Lisez les phrases et cochez vrai ou faux. ..../5

	Vrai	Faux
a. Une chambre simple est pour deux personnes.	❏	❏
b. Dans une chambre d'hôte, je dors sous une tente.	❏	❏
c. À la mer, je peux me baigner et bronzer.	❏	❏
d. À la montagne, je peux faire du ski.	❏	❏
e. Pour prendre le train, il faut aller à l'aéroport.	❏	❏

2. Complétez les phrases avec les verbes qui conviennent. ..../5

a. Je voudrais .... une chambre double s'il vous plaît.

b. Pour mes vacances en Bretagne, je vais .... la cuisine locale.

c. À la plage, je n'aime pas .... Je me mets toujours à l'ombre.

d. Je ne peux pas me .... parce que j'ai oublié mon maillot de bain.

e. Je suis désolé, nous ne pouvons pas .... les chiens dans notre hôtel.

3. Lisez la définition et écrivez le mot qui correspond.. ..../5

a. On pratique cette activité sous la mer et on admire les poissons. → la _ _ _ _ _ _ _

b. On pratique cette activité en forêt ou dans la montagne. On marche. → la _ _ _ _ _ _ _ _ _

c. C'est une route dans la forêt ou les champs pour les marcheurs. → un _ _ _ _ _ _

d. C'est la nourriture des vaches. C'est vert. → l' _ _ _ _ _

e. C'est un déjeuner froid dans la nature. → un _ _ _ _ _ - _ _ _ _ _

4. Soulignez la bonne réponse. ..../5

a. Le chant de *cet oiseau / ce lapin* est magnifique.

b. Ma fille a fait une randonnée à *cheval / poule* sur la plage.

c. J'ai admiré des villages entourés de *champs / lacs*.

d. Nous avons fait du bateau sur la *forêt / rivière*.

e. Mon ami m'a offert des *fleurs / arbres* pour mon anniversaire.

DELF A1

1. Compréhension de l'oral

Vous allez écouter un document. Pour répondre aux questions, cochez (✓) la bonne réponse.

Exercice 1 de l'épreuve
4 points

Lisez les questions. Écoutez le document puis répondez. Vous écoutez ce message de votre amie française.

1 | Vous partez de Rouen quand ? *1 point*
- A ☐ Mardi.
- B ☐ Mercredi.
- C ☐ Jeudi.

2 | Vous allez à la mer comment ? *1 point*
- A ☐ En bus.
- B ☐ En train.
- C ☐ En voiture.

3 | Flora vous demande de vous occuper... *1 point*
- A ☐ des activités.
- B ☐ du transport.
- C ☐ de l'hébergement.

4 | Vous allez dormir où ? *1 point*

A ☐   B ☐   C ☐

2. Compréhension des écrits

Pour répondre aux questions, cochez (✓) la bonne réponse.

Exercice 4 de l'épreuve
7 points

Vous êtes en France. Vous lisez ce programme dans une brochure. Répondez aux questions.

BRETAGNE PASSION : Week-end touristique à Saint-Malo !

SAMEDI 25 JUIN :
↳ Visite guidée de la vieille ville.
↳ Déjeuner à 12 h dans une crêperie traditionnelle.
↳ À 15 h, départ en bateau pour la jolie ville de Dinard et promenade près de la plage.

Si vous préférez la nature, rendez-vous DIMANCHE 26 JUIN à 10 h :
↳ Randonnée en forêt.
↳ Pique-nique près d'une rivière.
↳ Visite d'un jardin de plantes locales.

▶ **Retour à 17 h.**

---

1 | Qu'est-ce que vous pouvez faire samedi matin ? *2 points*

A ☐   B ☐   C ☐

2 | Le samedi à midi, vous pouvez… (1,5 point)
  A ❏ faire des courses.   **B** ❏ prendre un bateau.   **C** ❏ goûter la cuisine locale.

3 | Vous partez à Dinard à quelle heure ? (1 point)
  A ❏ À 10 h.   **B** ❏ À 15 h.   **C** ❏ À 17 h.

4 | Dimanche, vous pouvez… (1 point)
  A ❏ visiter un village.   **B** ❏ nager dans la mer.   **C** ❏ marcher dans la nature.

5 | Dimanche, vous déjeunez où ? (1,5 point)
  A ❏ En forêt.   **B** ❏ Dans un jardin.   **C** ❏ Au bord d'une rivière.

3. Production écrite

Exercice 2 de l'épreuve (15 points)

Vous êtes en France, en vacances à la mer. Vous écrivez à votre ami(e) français(e) pour lui raconter vos vacances. Vous dites avec qui vous êtes. Vous décrivez votre hébergement et vos activités (40 mots minimum).

4. Production orale

Partie 3 de l'épreuve : dialogue simulé ou jeu de rôle

À l'office du tourisme

Vous êtes en vacances en Bretagne. Vous voulez faire une activité avec votre famille.
Vous allez à l'office du tourisme. Vous posez des questions sur les activités (types, dates, horaires, prix…).
Vous choisissez une visite et vous payez.

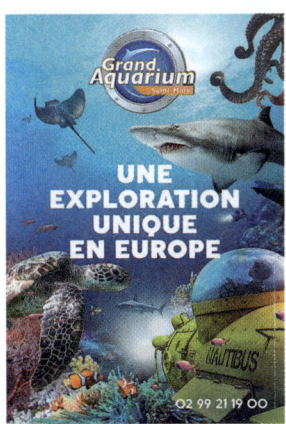

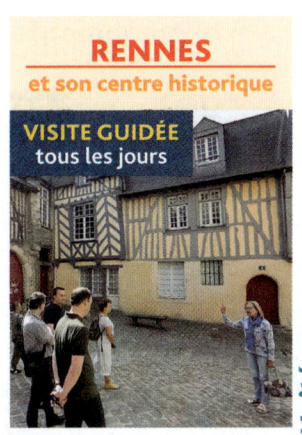

Jeux

1 Devinettes.

a. C'est un moyen de transport plus écologique et moins cher que l'avion : le t _ _ _ _

b. C'est un mode d'hébergement dans la nature et moins confortable que l'hôtel : le c _ _ _ _ _ _

c. C'est une destination de vacances plus populaire que la campagne : la m _ _

d. C'est une activité en mer plus sportive que bronzer ou se baigner : le s _ _ _

e. C'est un animal aussi apprécié que le chien mais plus indépendant : le c _ _ _

2 Complétez les mots croisés avec les participes passés des verbes suivants au masculin singulier.

d arriver
partir a →
sortir c ↓
e naître
revenir b →

3 Remettez les lettres dans l'ordre pour trouver des animaux.

a. ISEUAO _ _ _ _ _ _
b. HAECV _ _ _ _ _
c. ARDANC _ _ _ _ _ _
d. NSOIOPS _ _ _ _ _ _ _
e. VLEHAC _ _ _ _ _ _

4 Associez 2 étiquettes pour retrouver les 5 hébergements.

ME CAM
TE HÔ
PING
TEL TEN
LO
FER
CATION

5 Quiz de géographie.

Par groupes de 2 à 4, imaginez un quiz de 5 questions sur le modèle : « Il est né à Tokyo, il vient… »

Chaque équipe pose la question aux autres équipes. L'équipe qui dit la réponse « du Japon. » en premier gagne 2 points.

À la fin, l'équipe qui a le plus de points gagne le jeu.

Unité 10

Au travail !

Grammaire

▷ Les pronoms COD (2) —————————— p. 145

1. Soulignez la bonne réponse.

   a. Viens, je *te / t' / nous* montre où se trouve le resto U.

   b. Les professeurs *m'/ nous / te* aident beaucoup et répondent à nos questions.

   c. Maman, je *nous / te / t'* appelle ce soir après mes cours pour *me / te / nous* donner des nouvelles !

   d. Monsieur, je *vous / te / t'* ai envoyé mes documents d'inscription en avril dernier.

   e. Je suis très contente. Des étudiantes *me / m' / vous* ont invité chez elles ! Je vais y aller ce soir.

2. Remettez les mots dans l'ordre pour former des phrases.

   a. candidature. / Il / envoyé /a / nous / une

   c. sur / secrétariat / vous / Le / informe / les masters.

   b. m'/ L' / intéresse / économie / beaucoup.

   d. posé / Ton / chef / t'/ questions. / beaucoup de / a.

3. Complétez les phrases avec *me*, *te*, *nous*, *vous*. Faites l'élision si nécessaire.

   a. Nous sommes les étudiants ambassadeurs. Vous pouvez .... interroger sur les diplômes, les cours et le campus.

   b. Bonjour à tous les nouveaux étudiants ! N'hésitez pas à .... poser des questions. Notre mission est de .... renseigner !

   c. Tes parents .... téléphonent souvent depuis ton arrivée sur le campus ?

   d. Johan, je .... ai vu hier à la bibliothèque ! Mais toi, tu ne .... as pas dit bonjour !

   e. Antoine, tu peux .... dire où se trouve la bibliothèque, s'il te plaît ?

4. Écoutez les questions et complétez les réponses. 101

   a. Oui, on peut ....

   c. Oui, le resto U ....

   b. Oui, il ....

   d. Oui, je ....

Grammaire

La durée, la continuation — p. 146

1. Associez les phrases qui ont le même sens.

a. Elle a étudié la médecine de 2015 à 2021.

b. Elle n'a pas encore fini ses études de médecine.

c. Les études de médecine prennent de nombreuses années.

d. Quand elle était étudiante en médecine, il y avait beaucoup de travail.

1. Les études de médecine durent longtemps.
2. Pendant ses études de médecine, elle travaillait beaucoup.
3. Elle est toujours étudiante en médecine.
4. Elle a étudié la médecine pendant 6 ans.

2. Complétez avec *longtemps*, *pendant*, *toujours*.

a. De nombreux étudiants font un stage .... les vacances d'été.

b. Je suis .... à la bibliothèque. Je n'ai pas fini mes recherches.

c. J'ai étudié à l'étranger de septembre à janvier, ... 5 mois.

d. Josepha est .... étudiante, elle fait un doctorat. Ça dure .... Il faut faire des recherches .... au moins 3 ans.

e. Je vais venir à la réunion des étudiants de master mais je ne peux pas rester ....

3. Conjuguez les verbes entre parenthèses au temps indiqué.

a. Maria .... (*étudier*) l'économie pendant 3 ans. (*passé composé*)

b. Tous les étudiants de master .... (*faire un stage*) en entreprise de 6 mois. (*présent*)

c. Je .... (*s'inscrire*) à l'université. (*passé composé*)

d. Vous .... (*apprendre*) beaucoup de choses pendant le stage. (*présent*)

e. On .... (*travailler*) toujours sur le dossier, mais on a bientôt fini. (*présent*)

4. Lisez le profil de Malik. Répondez aux questions puis écoutez pour vérifier.  102

Malik ELHARK
Journaliste
23 ans

De 2017 à aujourd'hui	>	journaliste pour l'Etudiant
De 2015 à 2017	>	journaliste chez Métro
De 2012 à 2015	>	école de journalisme de Lille
De 1994 à 2012	>	scolarité au Maroc (Casablanca)

a. Malik a vécu longtemps au Maroc ?

....

b. Il a étudié le journalisme pendant combien de temps ?

....

c. Pendant combien de temps il a travaillé chez Métro ?

....

d. Est-ce que Malik est toujours étudiant ?

....

Vocabulaire

L'université, les études p. 147

1. Soulignez la bonne réponse.

   a. Paul aime les ordinateurs. Il a décidé d'étudier *les lettres / l'informatique*.

   b. Voici *le secrétariat / le resto U*. On y mange très bien !

   c. N'oublie pas de t'inscrire à *la bibliothèque / l'amphi* pour pouvoir prendre des livres.

   d. Tous les étudiants de master doivent faire *un stage / des études* en entreprise.

   e. *Ce professeur / Cet étudiant* donne généralement de bonnes notes.

2. Lisez et cochez vrai ou faux.

	Vrai	Faux
a. On étudie le droit pour devenir médecin.	❏	❏
b. La licence est un diplôme bac + 3.	❏	❏
c. On est en petits groupes pour les cours en amphi.	❏	❏
d. Quand on fait un stage, on est toujours étudiant.	❏	❏
e. Le master est une note.	❏	❏

3. Écoutez et associez un enregistrement à une photo. 103

Phonie-graphie — Les consonnes [t] et [d]

1. Écoutez les phrases et indiquez combien de fois vous entendez [t] et [d]. 104
Puis, répétez les phrases.

	[t]	[d]
a. Ton frère a étudié l'informatique pendant trois ans.	4	2
b. Danielle est restée deux ans au Danemark pour son master.		
c. Thomas étudie toujours le droit à Toulouse.		
d. Tous les jours, nous déjeunons au restaurant universitaire.		
e. Vous êtes en troisième année de lettres et vous allez obtenir votre diplôme bientôt.		

2. Écoutez et complétez le texte avec les graphies correctes. 105

Nous sommes é......u......iants. À l'universi......é, nous é......u......ions les le......res, et nous allons à la biblio......hèque. Le week-en......, nous ......ravaillons ......ans un gran...... res......aurant.

Grammaire

▶ Les pronoms relatifs *qui* et *que* —————— p. 151

1. Soulignez la bonne réponse.

a. J'ai créé une entreprise *qui / qu'* est basée à Toronto.

b. Elle a un travail *qui / qu'* elle adore.

c. J'ai vu une exposition *qui / que* présente des photos de différents métiers.

d. C'est une école *que / qui* forme aux métiers artistiques.

e. C'est un métier *que / qui* les étudiants ne connaissent pas bien.

2. Complétez avec *qui* ou *que / qu'*.

a. Le chauffeur de taxi .... m'a emmené à l'aéroport m'a parlé de son travail. C'est un métier .... il adore mais .... se termine tard le soir.

b. La boulangerie .... se trouve devant la gare est très bonne. Le boulanger y vend des pâtisseries .... mes enfants aiment beaucoup.

3. Associez les phrases comme dans l'exemple.

Exemple : L'entreprise que ●   ● est présentée dans cet article m'intéresse.
          L'entreprise qui ●   ● j'ai créée est devenue célèbre.

a. C'est un métier qui   **1.** laisse beaucoup de temps libre.
b. C'est un métier que   **2.** j'ai découvert pendant mon stage.
c. C'est un diplôme qui   **3.** les employeurs recherchent.
d. C'est un diplôme que   **4.** est très difficile à obtenir.
e. C'est un pays qui   **5.** les touristes adorent.
f. C'est un pays que   **6.** est très touristique.

4. Regardez les images et complétez les textes avec *qui* ou *que*. Puis écrivez la profession de ces personnes.

a. C'est une personne .... travaille dans les champs et .... cultive des légumes ou des céréales.
C'est ....

b. C'est une personne .... le public aime voir en spectacle et .... est sportive et créative.
C'est ....

c. C'est la personne .... les étudiants interrogent et .... les aide à progresser.
C'est ....

5. Écoutez et cochez la bonne réponse. 106

	a	b	c	d	e	f
qui	X					
que						
qu'						

Grammaire

▸ L'intensité — p. 152

1. Souligne la bonne réponse.

a. La réunion de travail était *très / beaucoup* longue !

b. J'ai *trop / un peu* travaillé aujourd'hui. Je suis fatigué.

c. J'ai fini de lire le rapport. Il est *un peu / beaucoup* long.

d. C'est un travail *assez / trop* intéressant mais je pense changer bientôt.

e. J'aime *beaucoup / très* mon métier.

2. Lisez la fiche de poste et complétez avec des adverbes d'intensité. Écoutez pour vérifier. 107

| Horaires de travail : ++++ |
| Durée des études : ++++ |
| Intérêt : +++ |
| Salaire : ++ |
| Travail en équipe : + |
| Autonomie : +++ |

C'est un poste .... intéressant mais les études sont un peu .... longues. On travaille .... mais on est .... bien payé. On travaille .... en équipe mais en général, on est .... autonome dans nos tâches.

3. Reformulez avec *beaucoup, trop, très, un peu, assez*.

Exemple : Il reste longtemps à la bibliothèque. → Il étudie **beaucoup**.

a. La quantité de travail est énorme. → On travaille ....

b. C'est un poste avec une créativité importante. → C'est un poste .... créatif.

c. La visioconférence a duré 6 heures ! → La visioconférence était .... longue.

d. On peut travailler à deux sur mon bureau. → Mon bureau est .... grand.

e. Mon ordinateur ne va pas très vite. → Mon ordinateur est .... lent.

4. Remettez les éléments dans l'ordre pour former des phrases.

a. elle / Annah / beaucoup / tôt. / mais / travaille / finit / assez

....

b. réunions / parle / responsable / trop. / très / longtemps : / Les / durent / mon

....

c. il / sympathique. / bavard. / un peu / Mon / est / collègue / très / Mais / est

....

d. longues. / trop / et / Il y a / très / de réunions / elles sont

....

e. est / mon / très / beaucoup / loin. / télétravaille / Je / parce que / bureau

....

Vocabulaire

L'entreprise, la vie professionnelle ———— p. 153

1. Associez.

a. le poste :   ●   ● 1. de 14 h à 22 h
b. les horaires :   ●   ● 2. la responsable
c. le salaire :   ●   ● 3. policier
d. la profession :   ●   ● 4. 1 800 euros

2. Lisez les définitions et écrivez la profession.

Exemple : Elle joue dans des films : *la comédienne*.

a. Il fait de la peinture et organise des expositions : le p.................... .
b. Elle écrit des articles dans les médias : la j.................... .
c. Il conduit les gens en voiture : le c.................... .
d. Elle prépare et vend la viande : la b.................... .
e. Il vend des livres : le l.................... .

3. Écoutez et associez les dialogues aux images.  108

 1    2    3    4

Dialogue   ....

Phonie-graphie — Les consonnes [p] et [b]

1. Écoutez les phrases et indiquez combien de fois vous entendez [p] et [b]. 109
Puis, répétez les phrases.

	[p]	[b]
a. Pendant la pause-déjeuner, je me repose un peu.	4	0
b. Il partage son petit bureau avec deux personnes.		
c. Notre responsable est aussi la cheffe d'une autre entreprise.		
d. Pour préparer une réunion, vous lisez beaucoup de rapports.		
e. Dans une équipe, il y a plusieurs professions.		

2. Écoutez et complétez le texte avec les graphies correctes. 110

Paul n'aime ......as sa ......rofession, em......loyé de ......anque. Il a ......ientôt terminé une formation ......our devenir li......raire. Il a dévelo......é des nouvelles com......étences. Il lit ......eaucoup et ......rend du temps ......our ses clients sym......athiques.

120 | cent vingt

Compréhension écrite

Travail d'équipe !

Lisez les documents et répondez aux questions.

FILMS

Taxi
Daniel, ex-livreur de pizzas est aujourd'hui chauffeur de taxi et il aime conduire très vite. Un jour, il rencontre Émilien, un policier qui n'a toujours pas obtenu son permis de conduire. Pour pouvoir continuer à travailler, il accepte d'aider Émilien à rechercher un gang de voleurs qui utilise des grosses voitures pour braquer les banques de Marseille.

Médecin de campagne
Tous les habitants, dans ce coin de campagne, peuvent compter sur Jean-Pierre, le médecin qui les soigne jour et nuit, 7 jours sur 7. Jean-Pierre, qui est malade, accueille Nathalie, médecin depuis peu, venue de l'hôpital pour l'aider. Mais est-ce qu'elle va pouvoir s'adapter à cette nouvelle vie ?

1. Cochez les professions présentées dans les deux films (3 réponses).
   ❏ banquier   ❏ livreur de pizza   ❏ policier
   ❏ agriculteur ❏ médecin   ❏ chauffeur

2. Daniel est toujours livreur de pizza :   ❏ vrai   ❏ faux

3. Émilien a son permis de conduire.   ❏ vrai   ❏ faux

4. Nathalie a travaillé longtemps comme médecin. ❏ vrai   ❏ faux

5. En général, Jean-Pierre travaille :
   ❏ un peu   ❏ seulement le week-end   ❏ trop

Production orale

JEUX DE RÔLE
À deux. Choisissez la fiche A ou B. Lisez les informations de votre fiche et jouez la scène avec votre partenaire.

Apprenant A
Vous avez un nouveau travail et rencontrez votre collègue de bureau. Vous voulez avoir des renseignements sur la vie de l'entreprise : le rythme, les tâches, le restaurant d'entreprise, la possibilité de télétravail, le salaire… Vous lui posez des questions.

Apprenant B
Vous rencontrez un(e) nouveau(-elle) collègue qui va travailler avec vous. Il/Elle vous interroge sur la vie de l'entreprise : le rythme, les tâches, le restaurant d'entreprise, la possibilité de télétravail, le salaire… Vous répondez à ses questions.

Bilan linguistique

.... / 40

Grammaire

1. Répondez aux questions. Utilisez *me, te, nous, vous*. ..... / 5

a. – Vous m'envoyez le rapport à quelle heure ?
– (14 h) ....

b. – Tu me montres le restaurant d'entreprise ?
– (oui / ce midi) ....

c. – Votre collègue vous a fait visiter les bureaux ?
– (oui / hier) ....

d. – Qu'est-ce que le responsable vous a demandé ?
– (de préparer la réunion) ....

e. – Qu'est-ce que ta collègue t'a dit ?
– (de participer à la visioconférence) ....

2. Soulignez la bonne réponse. ..... / 5

a. Antonia est *longtemps / toujours* en réunion d'équipe, mais elle va bientôt revenir.
b. J'ai beaucoup appris *pendant / longtemps* mon stage.
c. Mathis a 28 ans mais il est *toujours / pendant* étudiant. C'est long le doctorat !
d. Le stage de fin d'études dure *toujours / longtemps* ?
e. Je vais présenter le rapport *pendant / longtemps* la visioconférence.

3. Reliez les phrases avec *qui* ou *que / qu'* pour former une seule phrase. ..... / 5

Exemple : J'ai un travail. Mon travail est très fatiguant. → *J'ai un travail qui est très fatiguant.*

a. J'ai une responsable. Elle est très patiente.
....

b. Il fait un stage. Il adore ce stage.
....

c. Nous travaillons sur un dossier. Ce dossier est très compliqué.
....

d. J'ai une profession. J'aime beaucoup ma profession.
....

e. C'est un bureau. On peut partager ce bureau à plusieurs collègues.
....

4. Soulignez la bonne réponse. ..... / 5

a. Le temps de transport est *très / beaucoup* long !
b. Tu as fini à minuit ? Tu travailles un *peu / beaucoup* !
c. Mon bureau est *trop / beaucoup* petit. Je peux mettre mon ordinateur et c'est tout !
d. Mon travail est un *peu / très* intéressant ! Il me passionne !
e. Mes collègues sont *assez / beaucoup* sympas.

Vocabulaire

1. Barrez l'intrus. ..../5

a. la licence – le doctorat – le master – l'amphithéâtre

b. le resto U – l'enseignant(e) – la bibliothèque – la salle de cours

c. la note – le commerce – le droit – l'économie

d. le campus – l'université – les mathématiques – le logement étudiant

e. les études – une formation – les langues – un cours

2. Complétez le texte avec les mots proposés. ..../5

resto U – bibliothèque – secrétariat – inscrire – les étudiants – campus

Bonjour à tous .... ! Je suis ravi de vous faire visiter le .... aujourd'hui. À votre droite, vous pouvez voir le .... On y mange très bien pour pas cher. Pour pouvoir y aller, il faut vous .... au .... pour recevoir votre carte d'étudiant. Et à gauche, c'est la .... qui est ouverte jusqu'à 22 h. On y trouve beaucoup de livres et journaux utiles.

3. Lisez et cochez vrai ou faux. ..../5

	Vrai	Faux
a. Le salaire est une tâche professionnelle.	❏	❏
b. Quand on fait du télétravail, on n'est pas au bureau.	❏	❏
c. Pour faire une visioconférence, on utilise un ordinateur.	❏	❏
d. Les horaires de travail dépendent des postes et des professions.	❏	❏
e. Tout le monde peut manger au restaurant d'entreprise.	❏	❏

4. Soulignez la bonne réponse. ..../5

a. Je vais signer mon *salaire / contrat* demain.

b. J'ai changé de *poste / télétravail*. Je suis devenue responsable.

c. Quels sont les horaires de la *pause-déjeuner / machine à café* ?

d. Envoie un *courriel / ordinateur* à la cheffe pour ta présentation aux équipes.

e. Je partage mon bureau avec *la directrice / une collègue*.

DELF A1

1. Compréhension de l'oral

Vous allez écouter un document. Pour répondre aux questions, cochez (✓) la bonne réponse.

🎧 111 **Exercice 3 de l'épreuve** [4 points]

Lisez les questions. Écoutez le document puis répondez. Vous travaillez dans une entreprise française. Vous écoutez ce message sur votre répondeur téléphonique.

1 | Qui arrive demain ? [1 point]
 A ❏ Un client.   B ❏ Une stagiaire.   C ❏ Une responsable.

2 | Ryoko va finir son travail à quelle heure ? [1 point]
 A ❏ À 17 h.   B ❏ À 17 h 30.   C ❏ À 18 h.

3 | Quel est le jour de télétravail de Ryoko ? [1 point]
 A ❏ Mardi.   B ❏ Jeudi.   C ❏ Vendredi.

4 | Qu'est-ce que monsieur Guibert vous demande de faire ? [1 point]
 A ❏ Écrire un message.   B ❏ Expliquer un dossier.   C ❏ Organiser une réunion.

2. Compréhension des écrits

Pour répondre aux questions, cochez (✓) la bonne réponse.

Exercice 3 de l'épreuve [6 points]

Vous étudiez en France. Vous lisez ces annonces dans le hall de votre université. Répondez aux questions.

> Boutique de mode cherche vendeuse les jeudis soir (contrat de 6 mois).
> Tél. : 06 62 13 87 55

> Venez travailler au restaurant **Margoulette** tous les samedis.
> Téléphonez au 06 26 25 31 87 (après-midi seulement).

> Entreprise cherche étudiant en master d'économie pour un stage de 3 mois.
> Écrivez à : contact@sitrans.com

> Écrivez des articles pour le journal de l'université.
> Réunion d'information mardi 12 avril, à 10 h.

> Donne cours de maths pendant les deux mois d'été.
> Appelez le 06 26 87 45 13 après 19 h.

1 | Pour apprendre les mathématiques, vous pouvez téléphoner quand ? *(1 point)*
   A ❏ Le matin.   B ❏ L'après-midi.   C ❏ Le soir.

2 | Vous devez envoyer un e-mail pour avoir… *(1 point)*
   A ❏ un stage.   B ❏ un cours.   C ❏ un emploi.

3 | Pour être serveur ou serveuse, vous devez appeler quel numéro ? *(1,5 point)*
   A ❏ 06 62 13 87 55.   B ❏ 06 26 25 31 87.   C ❏ 06 26 87 45 13.

4 | Le travail dans le magasin de vêtements dure… *(1,5 point)*
   A ❏ deux mois.   B ❏ trois mois.   C ❏ six mois.

5 | Pour être journaliste, vous devez venir quel jour ? *(1 point)*
   A ❏ Mardi.   B ❏ Jeudi.   C ❏ Samedi.

3. Production écrite

Exercice 2 de l'épreuve *(15 points)*

Vous venez de commencer un stage dans une entreprise. Vous écrivez à votre ami(e) français(e) pour lui raconter vos journées. Vous parlez des horaires de travail, de vos activités et de vos collègues (40 mots minimum).

4. Production orale

Partie 2 de l'épreuve : échange d'informations

Vous posez des questions à l'examinateur à partir des mots écrits sur les cartes. Vous ne devez pas réutiliser uniquement le mot mais surtout l'idée.

- Études ?
- Télétravail ?
- Préférer ?
- Professeur ?
- Bibliothèque ?
- Horaires ?

Unité 10

#

1 Devinettes.

a. C'est un diplôme qui demande 5 ans d'études après le bac : le m _ _ _ _ _

b. C'est une discipline pour les étudiants qui aiment faire des calculs :
les m _ _ _ _ _ _ _ _ _ _ _

c. C'est là que les étudiants vont pour étudier et lire : la b _ _ _ _ _ _ _ _ _ _

d. C'est un lieu qui regroupe les bâtiments de l'université : le c _ _ _ _ _

e. C'est un document que les étudiants veulent obtenir à la fin de leurs études :
le d_ _ _ _ _ _

2 Touvez dans la grille 5 outils de communication.

S	M	A	R	T	E	L	E	P	I
M	A	U	O	E	T	S	C	A	S
A	D	G	S	L	O	E	O	S	M
R	E	U	A	E	I	U	U	P	A
T	L	S	N	P	R	R	R	B	I
P	O	T	T	H	E	X	R	N	M
H	U	I	C	O	M	V	I	N	T
O	R	D	I	N	A	T	E	U	R
N	V	I	C	E	I	E	L	H	J
E	N	A	I	M	L	U	D	A	O

3 Associez 2 étiquettes pour retrouver les 5 professions.

AR — BRAIRE — SEUR — LI — BOU — FFEUR — TISTE — CHAU — DAN — CHÈRE

4 Remettez les lettres dans l'ordre pour trouver des disciplines.

a. MCERCMOE _ _ _ _ _ _ _ _
b. ESTRTEL _ _ _ _ _ _ _
c. EMICONEO _ _ _ _ _ _ _ _
d. SISNECEC _ _ _ _ _ _ _ _
e. TIODR _ _ _ _ _

5 Quiz des métiers.

Par petits groupes, présentez 5 métiers. Utilisez les relatifs *qui* ou *que / qu'*

Exemple :
« C'est une personne qui enseigne une discipline aux étudiants… »
L'équipe qui donne la réponse (exemple : *« le professeur »*) en premier, gagne 2 points.
À la fin, l'équipe qui a le plus de points gagne le jeu.

Transcriptions Documents audios

Unité 0 Bienvenue !

1 Page 3, Activité 2
a. – Salut Stéphanie ! Ça va ?
– Oui, ça va bien, et toi ?
b. – Bonjour, monsieur Bens. Vous allez bien ?
– Très bien, merci !
c. – Bonne journée, Mano !
– Merci maman !
d. – Au revoir, monsieur !
– À demain Coco !
e. – Au revoir les enfants !
– À bientôt !

2 Page 4, Activité 1
a. Je m'appelle Lynda, L-Y-N-D-A
b. Moi, c'est Martin, M-A-R-T-I-N
c. Salut, c'est Colline, C-O-L-L-I-N-E
d. Je m'appelle Klara, K-L-A-R-A
e. Moi, c'est Julian, J-U-L-I-A-N

3 Page 4, Activité 2
a. Strasbourg : S-T-R-A-S-B-O-U-R-G
b. Nantes : N-A-N-T-E-S
c. Dijon : D-I-J-O-N
d. Bordeaux : B-O-R-D-E-A-U-X
e. Toulouse : T-O-U-L-O-U-S-E
f. Marseille : M-A-R-S-E-I-L-L-E

4 Page 5, Un, deux, trois ! Activité 2
a. 12 – b. 3 – c. 4 – d. 15 – e. 6 – f. 21 – g. 30 – h. 27 – i. 19 – j. 8

5 Page 5, Un, deux, trois, Activité 3
a. 11 € – b. 1 € – c. 10 € – d. 31 € – e. 3 €

6 Page 6, Dans la classe
a. Comment ça s'écrit, s'il vous plaît ?
b. Vous pouvez répéter, s'il vous plaît ?
c. Excusez-moi, je suis en retard.
d. Comment on dit… en français ?
e. Je ne comprends pas.

Unité 1 Je suis…

7 Page 7, Grammaire, Activité 4
a. Alberta est italienne.
b. Luca est belge.
c. Yitong est chinoise.
d. Ibrahim est marocain.
e. Soo est coréenne.
f. Joaquim est portugais.

8 Page 8, Grammaire, Activité 4
a. Nino aime le cinéma, Lisa aime la musique.
b. Sonia aime les langues, Hussein aime l'histoire.
c. Bertille aime le café, Denis aime le chocolat.

9 Page 9, Vocabulaire, Activité 4
a. Le numéro 59, s'il vous plaît !
b. Kristie a 68 ans.
c. Demain, j'ai 40 ans !
d. C'est le 31 décembre !
e. Mon numéro, c'est le 06 69 31 42 57.

10 Page 9, Phonie-graphie
a. Nous sommes coréennes.
b. J'aime le tennis.
c. Il s'appelle Vincent.
d. Tu as quarante-deux ans.
e. Il habite à Munich.
f. Elle parle anglais.

11 Page 10, Grammaire, Activité 2
a. J'habite à Paris.
b. Naomi est née aux États-Unis.
c. Tu habites en Italie ?
d. Lina habite au Maroc.
e. Je suis né à Tokyo.
f. Gilles est né en Suisse.

12 Page 11, Grammaire, Activité 3
a. Quel est le prénom de l'artiste ?
b. Quels sont les prénoms de ces personnes ?
c. Quelle est la date de la fête nationale ?
d. Quelles sont les dates du festival ?
e. Quelle est l'adresse mail de Julien ?
f. Quelles sont les adresses mail des artistes ?

13 Page 12, Vocabulaire, Activité 4
a. Quelle est votre date de naissance, s'il vous plait ?
b. C'est la fête ! Paulette a 81 ans !
c. Le numéro 99 ? J'ai ! Bingo !
d. 64 euros, s'il vous plaît.
e. Mon lieu de naissance ? C'est Lausanne.
f. Ton téléphone, c'est bien le 06 76 66 89 99 ?

14 Page 12, Phonie-graphie
a. Il est né en Inde.
b. Elle est née aux États-Unis.
c. Il habite aux îles Fidji.
d. Elle habite en Espagne.
e. Tu habites en Algérie.

15 Page 13, Compréhension orale
Employé : Bonjour.
M. Briant: Bonjour.
Employé : Alors, quel est votre nom, s'il vous plaît ?
M. Briant : Briant. B-R-I-A-N-T.
Employé : Quel est votre prénom ?
M. Briant : C'est Adam.
Employé : A-D-A-M ?
M. Briant : Oui, c'est ça.
Employé : Quel est votre lieu de naissance ?
M. Briant : Je suis né à Bruxelles.
Employé : Ah, vous êtes belge.
M. Briant : Oui.
Employé : Et vous habitez dans quelle ville ?
M. Briant : J'habite en France, à Rouen. Mon adresse, c'est 59, rue Pierre Renaudel.
Employé : D'accord. Vous avez votre carte d'identité ou votre passeport, s'il vous plaît ?
M. Briant : Oui, j'ai mon passeport.
Employé : Merci. Alors, le numéro, c'est EA311273.

16 Page 16, DELF
Femme : Pour le festival de bande dessinée, mon invité est l'artiste Henrik Müller. Il a 34 ans. Il est né en Allemagne et il habite en France depuis 22 ans. Il aime la musique espagnole et le sport. Pour poser des questions à Henrik, téléphonez à la radio avant 19 heures.

Unité 2 Près de moi

17 Page 19, Grammaire, Activité 1
a. Tu habites un appartement sympa.
b. C'est le quartier de Belleville.
c. Tu aimes la plage ?
d. Les rues du quartier sont très calmes !
e. Vous avez des instruments de musique ?
f. C'est l'université Paris Descartes ?
g. Nice est une ville très sympa !

18 Page 20, Grammaire, Activité 5
a. Nous ne marchons pas le dimanche.
b. Je n'aime pas nager.
c. Gaël ne parle pas italien.
d. Ils n'aiment pas danser.
e. Vous n'habitez pas à Montpellier ?
f. Tu ne danses pas le rock ?

19 Page 21, Vocabulaire, Activité 3
a. Il adore la marche.
b. Vous avez un piano ?
c. J'ai une guitare.
d. Nous aimons danser.
e. Elle adore la natation.
f. Vous aimez le ski ?
g. J'adore les films français !

20 Page 21, Phonie-graphie, Activité 1
a. Ils aiment le sport et ils marchent le week-end.
b. Elle adore le ski et elle joue au football.
c. Il déteste la natation et il n'aime pas la danse.
d. Elles habitent à Lyon et elles étudient le français.

Transcriptions cent vingt-sept | 127

Page 21, Phonie-graphie, Activité 2
J'habite à Grenoble. Je travaille à l'université. Mon collègue Mathieu joue de la guitare et ma collègue Manon joue du piano. Ils adorent la musique classique. Avec mon amie Pauline, nous aimons le cinéma.

 Page 22, Grammaire, Activité 3
a. C'est mon frère.
b. Ma fille s'appelle Kristiana.
c. Comment s'appellent vos enfants ?
d. Tes grands-parents habitent à Annecy ?
e. Ses sœurs sont sympas.
f. Votre famille est ici ?
g. Leur cousin est célibataire.
h. Notre oncle est marié.

Page 23, Grammaire, Activité 3
a. Claude est infirmier.
b. Gabi est coiffeur.
c. Fanny est informaticienne.
d. Léo est étudiant.
e. Flo est actrice.

 Page 24, Vocabulaire, Activité 3
a. Mon grand-père s'appelle Frédéric.
b. Comment s'appelle ton mari ?
c. Ma nièce est célibataire.
d. Monsieur Truffaut a neuf petits-enfants.
e. Mon petit ami est fleuriste.
f. Luc et May organisent leur mariage.

Page 24, Phonie-graphie, Activité 1
a. un ami.   d. des hommes.
b. les parents.   e. mon oncle.
c. mes enfants.   f. des cousins.

 Page 24, Phonie-graphie, Activité 2
a. – Tes enfants sont à l'université ?
– Oui, mes enfants sont à l'université à Toulouse. – b. – Ton amie a quel âge ?
– Mon amie a 26 ans. – c. – Quelles sont vos activités pendant le week-end ?
– Nous marchons avec nos amis à la montagne.

 Page 28, DELF, Compréhension de l'oral
1. **Femme :** Bonjour, je n'habite pas dans le quartier.
Où est le cinéma s'il vous plaît ?
Homme : Il est ici. Il y a un bon film aujourd'hui.
Femme : Ah super, merci !
2. **Homme :** Il est très beau ton appartement, Marie !
Femme : Merci. Il est grand et calme.
Homme : Et là, sur la photo, c'est qui ?
Femme : Ce sont mes grands-parents. Ils ont 86 ans.
3. **Femme :** Salut ! Qu'est-ce que tu écoutes ?
Homme : J'écoute de la musique. C'est du rock. Tu aimes la musique ?
Femme : Oui, mais je n'aime pas le rock, je préfère la musique classique.
4. **Homme :** La femme, là-bas, avec les photographes, c'est une célébrité ?
Femme : Oui, c'est une actrice de cinéma. Elle est japonaise.
Homme : Elle est avec son mari ?
Femme : Mais non, c'est son fils !

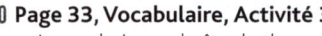
Unité 3 Qu'est-ce qu'on mange ?

Page 31, Grammaire, Activité 2
a. Quatre yaourts.
b. Le panier.
c. Les œufs.
d. Trois poivrons.
e. Des produits de saison.
f. Une formule.

Page 32, Grammaire, Activité 1
a. Tu vas chez le boulanger ?
b. J'aime aller au marché.
c. Pour le poisson, on va à la poissonnerie.
d. Tu achètes les yaourts chez l'épicier, s'il te plaît ?
e. Les paniers sont disponibles à l'épicerie.
f. Je déteste payer aux caisses automatiques.

Page 33, Vocabulaire, Activité 3
a. Je voudrais une boîte de thon, s'il vous plaît !
b. Vous payez par carte ou en espèces ?
c. J'ai un kilo de pâtes.
d. Tu achètes un pot de crème, s'il te plaît ?
e. Je n'aime pas le fromage de chèvre.
f. Combien coûte la salade, s'il vous plaît ?

Page 33, Phonie-graphie, Activité 1
a. Je voudrais le menu du jour s'il vous plaît.
b. Nous proposons tous les midis des formules avec des légumes.
c. Voici la liste des courses pour l'épicerie.
d. Dimanche, Arthur organise un pique-nique avec ses amis.
e. Tu aimes beaucoup les cerises, les abricots et les kiwis.

Page 33, Phonie-graphie, Activité 2
Lundi, Lucie fait une liste de courses. Elle va à la boulangerie et au supermarché. Elle achète un pain, un poulet, deux bouteilles de jus de pommes et beaucoup de légumes.

Page 34, Grammaire, Activité 1
Benoît achète des pâtes, du beurre, beaucoup de légumes, de l'huile d'olive, un peu de fruits, de la crème. Il n'achète pas de viande.

Page 35, Grammaire, Activité 4
Exemple : *Qui choisit le restaurant pour aujourd'hui ?*
a. On finit les courses et on va à la maison !
b. Mon fils choisit le plat du jour et moi la blanquette de veau.
c. Vous ne finissez pas votre omelette ?
d. Nous choisissons le croque-monsieur végétarien en entrée, s'il vous plaît.
e. Je finis ma salade et je mange le riz au lait en dessert.

Page 36, Vocabulaire, Activité 4
Le client : Je voudrais le plat du jour, s'il vous plaît.
Le serveur : Très bien. Il y a un menu à 16 euros avec le plat et le dessert.
Le client : Ok, alors je prends le riz au lait aussi. Et de l'eau, s'il vous plaît.

Page 36, Phonie-graphie
a. **Fille :** J'aime bien manger du poisson. Et toi ?
Garçon : Moi je préfère manger de la viande.
b. **Garçon :** Qu'est-ce que tu choisis ?
Fille : La blanquette de veau.
c. **Fille :** Et tu manges toujours un dessert ?
Garçon : Oui j'adore les desserts.
d. **Garçon :** Tu voudrais un café ? Un thé ?
Fille : Je préfère un thé. Je n'aime pas le café. Et toi ?
Garçon : Je voudrais un café.

Page 37, Compréhension orale
La femme : On mange à la maison ou au restaurant ?
L'homme : À la maison ! Je fais le dîner !
La femme : Ok, chéri ! Et qu'est-ce qu'on mange ?
L'homme : Alors, qu'est-ce qu'on a ici, des œufs, du fromage, de la crème… Une quiche ou une omelette ?
La femme : Ah, oui, j'adore ton omelette ! Elle est délicieuse. Je voudrais manger une salade aussi.
L'homme : On n'a pas de salade verte mais on a des tomates, je fais une salade de tomates !
La femme : Ah oui, une salade de tomates, c'est bon avec l'omelette. Moi, je fais le dessert. Une tarte aux pommes ? Avec de la glace ?
L'homme : Super ! Mais, est-ce qu'on a de la glace ?
La femme : Je regarde. Ah, non, pas de glace.
L'homme : Pas de problème, ma chérie, je vais à l'épicerie pour acheter un pot de glace.

Page 40, DELF, Compréhension de l'oral
Homme : Salut c'est Émile, je t'appelle pour t'inviter à un pique-nique d'anniversaire ! Zoé va avoir 18 ans ! Rendez-vous mercredi, au parc. Je prépare son gâteau au chocolat préféré ! Est-ce que tu peux apporter une boisson, s'il te plaît ? Viens à 13 h ! Merci et à mercredi !

Unité 4 C'est où ?

Page 43, Grammaire, Activité 4
Pedro : Voilà, ici, c'est mon quartier.
Andréa : Il est sympa ?
Pedro : Oui, il est très agréable et il y a beaucoup de monuments historiques !
Andréa : Ah oui, il est beau le bâtiment ici, qu'est-ce que c'est ?
Pedro : C'est la mairie ! Et là, à côté, ce sont les Jardins de Sainte-Cécile ! Et voilà ma rue.
Andréa : C'est ta rue ? Elle est belle !

40 Page 44, Grammaire, Activité 2
a. – Tu aimes le théâtre ?
– Non, je ne vais jamais au théâtre.
b. – Tu fais les courses au centre-ville ?
– Oui, je fais souvent les courses au centre-ville.
c. – Tu vas à la bibliothèque ?
– Oui, je vais toujours à la bibliothèque le mercredi.
d. – Tu ne vas jamais au cinéma la semaine ?
– Non, je ne vais jamais au cinéma la semaine.
e. – Tu aimes marcher le dimanche ?
– Oui, je marche souvent le dimanche.

41 Page 45, Vocabulaire, Activité 3
a. Voici le commissariat de police.
b. Je vais à la poste aujourd'hui.
c. Elle est magnifique la fontaine !
d. J'habite boulevard de la Défense.
e. Beaucoup de touristes visitent le musée du Louvre.

42 Page 45, Phonie-graphie
a. J'habite dans un quartier sympa.
b. Martin va souvent dans les magasins.
c. Le dimanche, les habitants marchent dans les jardins du centre-ville.
d. En France, de juin à septembre, c'est l'été !
e. Tous les matins, je prends les transports en commun.

43 Page 46, Grammaire, Activité 4
a. – S'il vous plaît, je cherche l'arrêt de bus 61.
– C'est simple ! Allez tout droit et prenez la première à droite.
b. – On prend le tram ?
– Non, ce n'est pas loin, marchons !
c. – David, elle est loin la gare ?
– Oui, c'est un peu loin. Regarde, il y a l'arrêt de tram B, monte dans le tram et descends à la gare.

44 Page 47, Grammaire, Activité 2
a. Je vais chez mes grands-parents en train avec mes cousins.
b. Je n'achète pas de ticket parce que j'ai ma carte.
c. Pour aller chez toi, je prends le tram ?
d. Je n'aime pas ton itinéraire parce qu'il est long !
e. Il y a beaucoup de pollution dans cette ville mais elle est magnifique.

45 Page 48, Vocabulaire, Activité 3
a. 1 300 420 personnes utilisent les transports en commun dans notre ville.
b. Tu regardes souvent ton itinéraire sur internet ?
c. À Bordeaux, il y a 256 045 habitants.
d. Votre ticket, s'il vous plaît.
e. Faites du covoiturage, c'est pratique et écologique !

46 Page 48, Phonie-graphie
a. Nous prenons souvent les transports.
b. Pendant les vacances nous allons en Espagne en avion.
c. Avec la carte de transport, les étudiants vont à l'université à Lyon.
d. Au Luxembourg, les transports en commun sont gratuits.
e. Nous utilisons des applications pour visiter la France.

47 Page 52, DELF, Compréhension de l'oral
Femme : Attention, ce message est pour les passagers du tram B, en direction de Bibliothèques universitaires. Le tram a un retard d'une heure. Vous pouvez prendre le bus 2 à la station Hôtel de Ville, juste à côté de la pharmacie ou le bus 3 sur la place Victor-Hugo.

Unité 5 C'est tendance !

48 Page 55, Grammaire, Activité 1
a. longue
b. petit
c. élégante
d. courte
e. différent
f. grande
g. blanc
h. bonne

49 Page 56, Grammaire, Activité 1
a. Ils vont au cinéma.
b. Je vais acheter une enceinte.
c. Tu vas avoir 30 ans ?
d. Il va dans un grand magasin.
e. Nous allons acheter un cadeau.
f. Vous participez au cadeau ?
g. Jules va aimer son cadeau.
h. Je vais à Paris.

50 Page 57, Vocabulaire, Activité 2
a. Je porte une robe bleue. Elle est longue. J'ai un chapeau blanc et des lunettes de soleil.
b. Je porte une chemise blanche et un pantalon gris. J'ai un pull rouge et des chaussures marron et noires.
c. Je porte une chemise blanche, un costume gris et une cravate verte. Je porte des lunettes.
d. Je porte un manteau vert et un pantalon noir. J'ai un sac rouge.

51 Page 57, Phonie-graphie
a. J'achète des vêtements pas chers et de jolis bijoux sur Vinted.
b. Il porte un short beige, un tee-shirt jaune et des chaussures rouges.
c. Dimanche, je ne fais pas de shopping, je marche avec mon chien.
d. En juin, c'est l'été, il fait chaud !
e. J'aime acheter des chemises blanches et des jupes rouges.

52 Page 58, Grammaire, Activité 1
a. Maurice porte un costume élégant.
b. Élise met une robe rouge.
c. Les enfants portent un chapeau blanc.
d. Tu prends ton sac à dos bleu.
e. Je préfère les grandes valises.

53 Page 59, Grammaire, Activité 1
a. J'aime ce portefeuille.
b. Ces écouteurs sont chers.
c. Elle préfère cette tablette.
d. Il n'aime pas ces liseuses.
e. Ce cadeau est parfait !
f. Cette valise est rouge ou rose ?

54 Page 60, Vocabulaire, Activité 3
a. Paul aime écouter de la musique dans le bus.
b. Karim voyage beaucoup pour son travail et ses vacances.
c. Isabelle voudrait un objet léger pour lire ses mails, prendre des photos, aller sur internet.
d. Noémie va souvent faire des randonnées en montagne et elle voudrait charger son téléphone.
e. Manon aime lire l'heure et recevoir aussi ses messages, ses mails.
f. Valentin voudrait ranger ses billets, sa carte d'identité, sa carte de crédit.

55 Page 60, Phonie-graphie
a. – Nous te souhaitons un joyeux anniversaire !
– Merci ! C'est très gentil !
b. – Vous avez des petits-enfants ?
– Oui, deux. Ils ont six ans et dix ans.
c. – Tu as des nouvelles idées de cadeau pour Noël ?
– Oui, je voudrais un petit ordinateur et des bons écouteurs.

56 Page 61, Compréhension orale
Laure : Jérémy, tu prends quels vêtements pour aller chez ma sœur à Nice ?
Jérémy : Je prends des vêtements simples : mon jean noir, un tee-shirt et un pull.
Laure : Tu prends un pull ? Tu vas avoir chaud, non ? Il pleut à Lyon mais à Nice, au printemps, il fait beau !
Jérémy : Une minute, je regarde la météo. Ah oui, il va faire très beau et chaud, 26 degrés. Alors, je prends mon short rouge et des tee-shirts. Je vais aussi prendre un pantalon pour aller au restaurant le soir. Et toi, qu'est-ce que tu mets dans la valise ?
Laure : Je prends ma belle robe rouge, ma jupe jaune et un tee-shirt.
Jérémy : Ah oui, la robe rouge te va bien ! Tu prends tes chaussures noires ?
Laure : Non, je préfère mettre mes baskets. On va visiter la ville et on va beaucoup marcher.
Jérémy : D'accord. On prend aussi l'ordinateur ?
Laure : Oh non ! Pas l'ordinateur ! Il est lourd ! On prend la tablette, elle est légère !
Jérémy : Oui. C'est vrai, c'est plus pratique ! Je vais mettre la tablette dans mon sac à dos.
Laure : Ah ! Je prends aussi des lunettes de soleil et un chapeau.

Transcriptions

57 Page 64, DELF, Compréhension de l'oral
Homme : Salut, c'est Victor ! Je suis arrivé en Bretagne, je t'attends ! Il pleut souvent, prends ton imperméable. Pour les randonnées, il faut des baskets et un sac à dos. Tu peux prendre tes lunettes de soleil, il va faire beau ce week-end ! Appelle-moi si ton train est en retard !

Unité 6 Qu'est-ce qu'on fait aujourd'hui ?

 58 Page 67, Grammaire, Activité 2
– Marie, tu te lèves à quelle heure le matin ?
– À 7 h 30. Et toi ?
– Moi, je me réveille à 7 h 30, mais je me lève à 7 h 45. Le matin, c'est trop difficile ! Tu te laves le matin ou le soir ?
– Je me lave le soir, comme ça, le matin, je me prépare rapidement, je m'habille et je me coiffe.
– Et tu te maquilles tous les matins ?
– Non, je n'ai pas le temps.

59 Page 68, Grammaire, Activité 4
a. Thomas, tu peux m'aider à cuisiner ? Je ne sais pas faire à manger.
b. Il fait beau, je veux me promener.
c. Ma petite sœur veut s'habiller toute seule.
d. Nous voulons aller au musée, mais c'est fermé aujourd'hui.
e. Vous pouvez écouter de la musique mais pas trop fort.

60 Page 69, Vocabulaire, Activité 1
Pierre : Allo Marie, c'est Pierre. Bonjour.
Marie : Bonjour Pierre. Tu vas bien ?
Pierre : Oui, très bien merci. Je suis en train de surfer sur internet, et j'ai trouvé une exposition intéressante samedi, ça te dit de venir ?
Marie : Samedi ? Je suis déjà occupée. Je fais du jardinage le matin, et à 15 h, j'ai un cours de dessin.
Pierre : L'exposition se termine à 20 h. On peut y aller après ?
Marie : Ah oui alors ! Mais on ne rentre pas trop tard, je me lève tôt dimanche, je vois des amis pour une promenade matinale.
Pierre : Oui, pas de soucis ! Super ! À samedi alors.
Marie : À samedi. Bises.

61 Page 69, Vocabulaire, Activité 3
Je me lève à sept heures dix et je me prépare. Je prends ensuite mon petit déjeuner à huit heures moins le quart. Je vais au travail et je commence à neuf heures et demie. Je déjeune de midi quinze à treize heures trente. Je finis le travail à dix-huit heures, et je vais au sport tout de suite après, il est dix-neuf heures.

62 Page 69, Phonie-graphie, Activité 1
a. Cette journaliste organise ses futures émissions sur son ordinateur.
b. Elle se lève à six heures trente, se prépare et réveille son petit garçon.
c. Ce magazine de sport présente tous les nouveaux événements de la semaine.
d. Nous aimons souvent aller au cinéma avec des amis.
e. Ils adorent écouter de la musique et vont souvent voir des concerts.

63 Page 69, Phonie-graphie, Activité 2
Le samedi, nous faisons les courses, la cuisine, la lessive et la vaisselle. Mais le dimanche, nous nous reposons, nous écoutons de la musique, nous faisons du sport ou nous allons voir des amis. Parfois, nous visitons une exposition ou nous allons au cinéma.

 64 Page 70, Grammaire, Activité 2
a. Elle se lève de bonne heure.
b. Léa vient de préparer le repas.
c. Ma mère et moi nous n'aimons pas lire.
d. Vous venez de faire les courses ?
e. Les enfants sont calmes, ils viennent de se réveiller ?

65 Page 71, Grammaire, Activité 3
a. Vous sortez le week-end ?
b. Ton ami part travailler à quelle heure ?
c. En vacances, tu dors où ?
d. Il sort avec Justine ?
e. Vous partez en voiture ?

66 Page 72, Vocabulaire, Activité 3
a. Anna est grande. Elle a les cheveux blonds et courts. Elle a de petits yeux verts. Elle est bavarde et sociable, mais elle peut aussi être stressée.
b. Jacques est petit et mince. Il est chauve. Il a une petite moustache grise. Il est intelligent et généreux avec ses amis.
c. Édouard est grand et un peu gros. Il a les cheveux longs et châtains. Il n'a pas de moustache. Il est courageux : il adore partir à l'étranger.
d. David n'est pas très grand. Il a les cheveux noirs et il a les yeux noirs aussi. Il a un grand nez et une petite bouche. Il est sérieux ! Il n'est jamais drôle.
e. Ludivine est grande et mince. Elle a les cheveux frisés et longs. Ses cheveux sont roux. Elle est sérieuse au travail, et très sympa en dehors.

67 Page 72, Phonie-graphie, Activité 1
a. C'est un jeu dangereux.
b. C'est un auteur. Il a les cheveux noirs. Il est sérieux et courageux.
c. C'est un jeune acteur. Il est brun aux yeux bleus.
d. Ma sœur ne peut pas être seule, elle a peur.
e. À 18 heures les étudiants peuvent sortir du cours.

68 Page 72, Phonie-graphie, Activité 2
Antoine de Saint-Exupéry est un aviateur, un grand voyageur. C'est aussi un auteur célèbre grâce à son œuvre « Le petit Prince », le seul livre de littérature traduit en 481 langues et dialectes. Les enfants du monde entier peuvent lire cette belle histoire !

69 Page 76, DELF, Compréhension de l'oral
Homme : Salut, c'est Ludo ! Je ne peux pas aller voir l'exposition avec toi demain. Celia travaille, alors je m'occupe de ma fille. Le matin, je fais les courses. Ça te dit de venir à la maison l'après-midi ? Nous pouvons jouer aux jeux vidéo. Je fais une tarte, prends un jus de pomme !

Unité 7 Chez moi

 70 Page 79, Grammaire, Activité 1
a. J'ai trouvé un appartement !
b. Tu achètes un lit.
c. Ils ont déménagé.
d. Vous allez chez Marco ?
e. Je visite une maison.
f. Elles ont décoré leur salon.
g. Nous avons trouvé une armoire.
h. On habite au rez-de-chaussée.

71 Page 80, Grammaire, Activité 2
a. Le fauteuil est à gauche du canapé.
b. Le tapis est sous la table.
c. Il y a une petite table ronde derrière le fauteuil et le canapé.
d. La petite table ronde est à droite de la grande plante.
e. Sur la table carrée, il y a une plante et des objets.
f. Les fenêtres sont derrière le canapé.

72 Page 81, Vocabulaire, Activité 3
Bonjour Madame Born, C'est Marc votre agent immobilier.
Je vous propose un studio dans le centre-ville. La surface est de 22 m². Il est meublé avec un canapé, une table, des chaises. Il a une cuisine équipée avec un four, une cuisinière et un frigo. Il y a une salle de bain avec douche.
Le loyer est de 456 €. Rappelez-moi si vous êtes intéressée. Merci.

73 Page 81, Phonie-graphie
a. La semaine prochaine, je vais déménager.
b. Dans cette pièce, il y a deux fenêtres avec une belle vue.
c. Au vide-grenier, nous avons acheté des vêtements pas chers.
d. La semaine dernière, elles ont trouvé des objets de décoration.
e. Cet été, vous allez être en vacances et voyager à bicyclette.

 74 Page 82, Grammaire, Activité 1
a. Tenir les chiens en laisse dans le parc !
b. Défense de fumer dans le couloir de l'immeuble !
c. Prière de fermer la porte !
d. Il est interdit de marcher sur la pelouse.

e. Ne pas organiser de fêtes après 22 h !
f. Accompagner les enfants dans l'ascenseur.

75 Page 83, Grammaire, Activité 2
a. Je l'oublie souvent.
b. Tu les vois dans ton salon ?
c. Elle l'appelle pour réparer son ordinateur.
d. Il ne le connaît pas.
e. Pourquoi tu veux le changer ?
f. Le plombier vient la réparer ce soir.
g. Elle les aime bien.
h. Vous le trouvez joli ?

76 Page 84, Vocabulaire, Activité 1
a. Bonjour, j'ai un problème avec mon ordinateur, il ne s'allume plus. Vous pouvez le regarder ?
b. Bonjour monsieur, j'ai perdu mes clés et je ne peux pas rentrer chez moi. Vous pouvez venir 15 rue de la république ?
c. Les murs du salon ne sont pas très jolis. Je voudrais changer la couleur et les peindre dans une couleur claire. Vous êtes libre quand ?
d. Je ne peux pas allumer les lampes et les appareils de la cuisine et du salon. Vous pouvez venir s'il vous plaît ?
e. Bonjour, il y a une fuite d'eau sous le lavabo. Vous pouvez passer aujourd'hui ?

77 Page 84, Phonie-graphie
a. – Bonjour, je suis votre nouveau voisin
– Bonjour, bienvenue dans notre immeuble !
b. – Il est interdit de mettre les vélos dans le hall !
– Oui, il est aussi interdit de fumer dans les parties communes.
c. – Mon ami cherche une chambre à louer dans ton quartier.
– Ah oui. C'est une bonne idée !
d. – Aujourd'hui, il y a beaucoup de bruit dans votre appartement.
– Je suis désolé(e). Mes enfants sont là. Ils vont demain dans une nouvelle école.
e. – Ma voisine a oublié ses clés. Elle recherche un serrurier.
– Elle peut appeler son assurance pour être en contact avec un professionnel.

78 Page 85, Compréhension orale
Clarisse : Salut Mona !
Mona : Salut Clarisse ! Tu vas bien ?
Clarisse : Bof ! Je suis très fatiguée, je ne peux pas dormir parce que mes voisins font du bruit tous les soirs. Hier ils ont dansé jusqu'à 2 heures du matin. Je vais déménager.
Mona : Je comprends. Tu vas chercher un studio ?
Clarisse : C'est bon, j'ai trouvé un appartement devant la bibliothèque.
Mona : Ah super ! Comment il est ?
Clarisse : Il fait 45 m², il y a un salon, une grande chambre, une cuisine et une salle de bains.
Mona : La cuisine est équipée ?
Clarisse : Oui, il y a un frigo, une cuisinière et un four mais il n'y a pas de lave-linge. Il est très agréable parce qu'il y a un joli jardin derrière l'immeuble. L'appartement est au 3ème étage. C'est très calme.
Mona : Il est meublé ?
Clarisse : Oui, il y a un joli canapé gris et jaune dans le salon avec une table basse, deux fauteuils, une grande table avec 4 chaises. Voilà ! Et toi, tu es toujours contente dans ta nouvelle maison à la campagne ?
Mona : Oui, je suis bien, je passe beaucoup de temps dans le jardin avec mon chien. J'ai juste un problème avec mon ordinateur, il ne marche plus…
Clarisse : Avec ton ordinateur ? Mais tu peux appeler mon collègue Patrick Lambert, il est informaticien ! Il est très sympa.
Mona : Oh ! Merci Clarisse ! Je l'appelle tout de suite.

79 Page 88, DELF, Compréhension de l'oral
Femme : Salut, c'est Doria, il y a une fuite d'eau au bureau et je dois déménager tes affaires ! Il est déjà 17 h 30, je dois vite partir ! Je mets tes livres dans le couloir et ton ordinateur à gauche de l'armoire ! N'oublie pas la réunion de mardi à 15 h 30 ! À demain !

Unité 8 En forme !

80 Page 91, Grammaire, Activité 1
a. Je suis fatigué.
b. Ils ont beaucoup marché.
c. Nous sommes allés chez le dentiste.
d. Ma tante a eu des problèmes de santé.
e. Elle va au travail à pied.
f. Nous toussons beaucoup.

81 Page 92, Grammaire, Activité 4
a. On y nage.
b. On y dort.
c. On y promène.
d. On y fait du sport.
e. On y joue au foot.
f. On y fait des radios.

82 Page 93, Vocabulaire, Activité 4
a. (bâillement) j'ai très mal dormi.
b. (cri de joie) cool, j'ai perdu deux kilos.
c. (lamentation) je suis malheureuse.
d. (cri d'inquiétude) oh là là, mon fils est à l'hôpital.

83 Page 93, Phonie-graphie
Bonjour, je vais vous raconter une histoire particulière. Le mois dernier, j'ai fait une randonnée dans le Vercors, à côté de Grenoble. J'ai marché pendant des heures. Puis j'ai rencontré un groupe de personnes de nationalités différentes. Nous avons beaucoup parlé. Nous avons dormi sous des arbres. Le matin, au réveil, nous avons découvert un petit ours endormi près de nous. Nous avons bougé tout doucement pour ne pas le réveiller.

84 Page 94, Grammaire, Activité 1
a. Il faut éteindre le téléphone portable pendant le cours de yoga.
b. Anna, tu ne dois pas cuisiner avec du beurre.
c. Nous devons arrêter de fumer pour être en bonne santé.
d. Il ne faut pas laisser les enfants jouer dans la piscine.
e. Madame, vous devez prendre ces médicaments.
f. Tu ne dois pas jouer au rugby.

85 Page 95, Grammaire, Activité 1
conseil n°1 : Va courir.
conseil n°2 : Tu peux t'hydrater.
conseil n°3 : Tu peux te laver les mains.
conseil n°4 : Vous pouvez faire du sport.
conseil n°5 : Arrêtez de manger du sucre.
conseil n°6 : Va voir un professionnel.

86 Page 96, Vocabulaire, Activité 3
a. Je prends ma serviette de bain, je pose mon sac et j'arrive.
b. Il fait chaud ici mais ça fait du bien !
c. Voici votre ordonnance. Prenez du paracétamol pour votre mal de tête.
d. Cet appareil de sport va vous faire perdre des calories et vous muscler en même temps.
e. Ah tiens, du poisson, c'est bon pour la santé.

87 Page 96, Phonie-graphie
a. Après une activité sportive, je prends un bon bain.
b. Pour être en bonne santé, vous devez boire beaucoup d'eau !
c. Mes voisins ont changé d'habitudes alimentaires. Ils vont beaucoup mieux !
d. En vacances, nous voyageons en voiture et nous visitons souvent les villages à vélo.
e. Pour leur bien-être, ils doivent bouger beaucoup et ne plus boire de vin !

88 Page 100, DELF, Compréhension de l'oral
Homme : Bonjour, c'est Marc ! Aujourd'hui, on fait du sport et il ne faut rien oublier. Pour le sauna, apporte ta serviette de bain et une bouteille d'eau. Pour la gymnastique, prends une corde à sauter. Apporte aussi un livre car lire fait perdre des calories !

Unité 9 Bonnes vacances !

89 Page 103, Grammaire, Activité 3
a. Cette chambre d'hôte dans le centre-ville est plus chère que cette location à la campagne.
b. Léa préfère les vacances moins sportives que Naïm.
c. Ce van est aussi confortable qu'un hôtel.

d. La tarte aux pommes de l'hôtel est meilleure que la tarte de la boulangerie.

90 Page 104, Grammaire, Activité 3
a. De quel pays viennent ces tacos ?
b. De quel pays vient ce hamburger ?
c. De quel pays viennent ces pâtisseries ?
d. De quel pays viennent ces spaghettis ?
e. De quel pays vient cette paëlla ?
f. De quel pays viennent ces sushis ?

91 Page 105, Vocabulaire, Activité 3
a. J'ai fait de la randonnée toute la semaine. On est montés à 2 600 mètres !
b. Je profite bien de mes vacances ! Je me baigne tous les jours et je marche sur la plage.
c. On a visité beaucoup de musées ! J'ai adoré !
d. Les paysages naturels sont magnifiques ici ! Et on visite les petits villages traditionnels.
e. J'adore marcher dans le centre historique et y admirer les bâtiments.

92 Page 105, Phonie-graphie, Activité 1
a. En février, vous voulez partir en vacances avec votre famille.
b. Voyager en voiture, c'est facile, mais voyager à vélo, c'est fatiguant !
c. Vous êtes sportif ou sportive, vivez une nouvelle aventure !
d. Vendredi vous devez téléphoner pour réserver votre voyage.
e. Vous préférez visiter un village ou faire une activité différente ?

93 Page 105, Phonie-graphie, Activité 2
Pendant les vacances, vous avez voyagé en voiture pour visiter des villages en France. Vous avez vu des paysages magnifiques, vous avez fait des activités différentes et vous avez dormi dans une ferme familiale. Une belle aventure avec beaucoup de photos !

94 Page 106, Grammaire, Activité 5
Exemple : *Tu es revenue à quelle heure ?*
→ *Je suis revenue à 9 heures.*
a. Vous êtes partis quand ?
b. Tu as voyagé comment ?
c. Elles ont logé où ?
d. Vous êtes allés où pendant les vacances ?

95 Page 107, Grammaire, Activité 1
a. Il n'a pas fait de surf cette année.
b. Il faisait très beau à Lisbonne.
c. C'était très cher ce restaurant !
d. Il y avait un parking à côté de l'hôtel.
e. C'est très intéressant, cette expo !
f. On a adoré les paysages !
g. Dans cette ferme, il y a des chevaux et des poules.

96 Page 108, Vocabulaire, Activité 3
1. – On met le parasol ici ?
– D'accord ! Moi, je vais aller nager !
– Oh non ! J'ai oublié mon maillot de bain…

2. – Tu as vu ce bateau sur la rivière ?
– Oui, on peut faire une promenade en bateau et on passe par plusieurs villages. D'accord ?
– Bonne idée ! On peut aussi manger sur le bateau.

3. – C'est joli ces paysages de champs et de cultures !
– Oui, c'est très beau. On peut pique-niquer ici.

4. – Il fait beau aujourd'hui.
– Oui, on peut aller marcher dans la forêt.

97 Page 108, Phonie-graphie, Activité 1
a. Sur mon blog, je raconte mes vacances en quatre langues.
b. Notre groupe est d'accord pour goûter des spécialités sucrées.
c. Quelles activités culturelles peut-on pratiquer avec un guide ?
d. Le voyage en car, c'est agréable, confortable et économique.
e. Le week-end, nous pique-niquons au bord d'un lac avec quatre amis.

98 Page 108, Phonie-graphie, Activité 2
Je suis en vacances en Martinique. C'est magnifique ! Je marche beaucoup de kilomètres chaque jour. J'ai rencontré un groupe de Mexicains très sympathiques. Un guide nous organise des activités culturelles et nous dégustons des spécialités locales. Les journées sont longues mais agréables.

99 Page 109, Compréhension orale, Photos de vacances
Antoine : Regarde, les photos de mes vacances d'été !
Ismaël : Magnifiques ces paysages! Tu es parti où ?
Antoine : Je suis allé dans les Alpes du Sud avec mes parents. On a fait beaucoup de randonnées. C'était sportif mais j'ai adoré !
Ismaël : Et vous avez choisi quel hébergement ?
Antoine : On a loué un appartement sur internet. Le prix était intéressant et il y avait un balcon avec une très belle vue sur les montagnes.
Ismaël : Vous avez eu beau temps ?
Antoine : Il faisait froid et il y avait beaucoup de vent en montagne.
Ismaël : Ah d'accord, mais tu as bien bronzé !
Antoine : Oui, il y avait du soleil et on a marché tous les jours en extérieur.

100 Page 112, DELF, Compréhension de l'oral
Femme : Salut, c'est Flora ! Je t'appelle pour nos vacances en Normandie. J'ai les billets de train : arrivée à Rouen jeudi soir et retour mardi. Comme activité, on peut aller à la mer ? Je m'occupe de la location de voiture. Tu peux réserver la chambre d'hôtes ? Avec deux lits simples. Merci !

Unité 10 Au travail !

101 Page 115, Grammaire, Activité 4
a. Est-ce que vous pouvez nous montrer où sont les logements étudiants ?
b. Le secrétariat de l'université vous explique comment s'inscrire ?
c. Le resto U te plait?
d. Tu peux me conseiller pour ma recherche de stage ?

102 Page 116, Grammaire, Activité 4
Malik est né au Maroc. Il est venu en France pour étudier le journalisme pendant 3 ans. Ensuite, il a travaillé comme journaliste chez Métro pendant deux ans. Aujourd'hui, il travaille pour le journal l'Étudiant.

103 Page 117, Vocabulaire, Activité 3
a. On peut emprunter ces livres pendant combien de temps ?
b. Votre inscription est terminée. On va vous donner votre carte d'étudiant.
c. Viens, on va s'asseoir devant. On entendra mieux le prof !
d. Tiens, Marc et Sophie sont à la table du fond. On déjeune avec eux ?

104 Page 117, Phonie-graphie, Activité 1
a. Ton frère a étudié l'informatique pendant trois ans.
b. Danielle est restée deux ans au Danemark pour son master.
c. Thomas étudie toujours le droit à Toulouse.
d. Tous les jours nous déjeunons au restaurant universitaire.
e. Vous êtes en troisième année de lettres et vous allez obtenir votre diplôme bientôt.

105 Page 117, Phonie-graphie, Activité 2
Nous sommes étudiants. À l'université, nous étudions les lettres et nous allons à la bibliothèque. Le week-end, nous travaillons dans un grand restaurant.

106 Page 118, Grammaire, Activité 5
a. C'est une actrice qui a joué dans beaucoup de films.
b. C'est une expo photo que j'ai vue trois fois.
c. C'est un pays qu'il a visité l'année dernière.
d. C'est un comédien qui a reçu un oscar.
e. Voilà le photographe que les journalistes ont interviewé.
f. C'est l'artiste que je préfère.

107 Page 119, Grammaire, Activité 2
C'est un poste très intéressant mais les études sont trop longues. On travaille beaucoup mais on est assez bien payé. On travaille un peu en équipe mais en général, on est très autonome dans nos tâches.

108 Page 120, Vocabulaire, Activité 3
a. – Aujourd'hui, je te l'offre ! Tu prends du sucre Julie ?

– Oui s'il te plaît, merci beaucoup !
b. – Bonjour à tous. Nous sommes ensemble pour parler du rapport de notre responsable. Toute l'équipe l'a lu ?
c. – Bienvenue dans notre entreprise ! Nous sommes très contents de vous accueillir.
– Merci je suis très contente de ce nouveau travail.
– Parfait, alors nous allons pouvoir signer les documents.
d. – Bonjour Paul ! Attends, je règle ma webcam et mon micro. Je suis chez moi aujourd'hui, tu sais !
– Ah oui, c'est vrai, le jeudi, tu ne viens pas au bureau.

🔊109 Page 120, Phonie-graphie, Activité 1
a. Pendant la pause déjeuner, je me repose un peu.
b. Il partage son petit bureau avec deux personnes.
c. Notre responsable est aussi la cheffe d'une autre entreprise.
d. Pour préparer une réunion, vous lisez beaucoup de rapports.
e. Dans une équipe, il y a plusieurs professions.

🔊110 Page 120, Phonie-graphie, Activité 2
Paul n'aime pas sa profession, employé de banque. Il a bientôt terminé une formation pour devenir libraire. Il a développé des nouvelles compétences. Il lit beaucoup et prend du temps pour ses clients sympathiques.

🔊111 Page 124, DELF, Compréhension de l'oral
Homme : Bonjour, c'est monsieur Guibert. Notre nouvelle stagiaire, Ryoko, commence demain. Ses horaires de travail sont 9 h – 17 h 30. Elle va télétravailler le vendredi. Vous pouvez lui envoyer un mail ? Mardi, je suis en réunion chez un client jusqu'à 18 h. La cheffe d'équipe va lui expliquer ses dossiers. Merci !

Corrigés

Unité 0 Bienvenue !

Page 3, Bonjour, ça va ?
1. a. 4 – **b.** 1 – **c.** 2 – **d.** 3
2. a. Salut – **b.** Bonjour – **c.** Merci – **d.** Au revoir – **e.** À bientôt

Page 4, L'alphabet
1. a. Lynda – **b.** Martin – **c.** Colline – **d.** Klara – **e.** Giulian
2. a. Strasbourg – **b.** Nantes – **c.** Dijon – **d.** Bordeaux – **e.** Toulouse – **f.** Marseille

Page 5, Je m'appelle…
1. a. toi / Moi – **b.** vous – **c.** toi

Page 5, Un, deux, trois !
1. a. 3 – **b.** 1 – **c.** 5 – **d.** 7 – **e.** 0 – **f.** 9 – **g.** 2 – **h.** 4 – **i.** 8 – **j.** 6
2. a. 12 – **b.** 3 – **c.** 4 – **d.** 15 – **e.** 6 – **f.** 21 – **g.** 30 – **h.** 27 – **i.** 19 – **j.** 8
3. J'endends /z/ : a, c, e – J'entends /n/ : b, c

Page 6, Aujourd'hui, c'est…
1. mardi – mercredi – jeudi – vendredi – dimanche
2. mars : 3 – janvier : 1 – novembre : 11 – décembre : 12 – avril : 4 – mai : 5 – février : 2 – octobre : 10 – juillet : 7 – août : 8 – septembre : 9 – juin : 6
3. a. le 14 Juillet – **b.** dimanche – **c.** le 21 juin. – **d.** Demain – **e.** Aujourd'hui

Page 6, Dans la classe
1. a. 5 – **b.** 4 – **c.** 3 – **d.** 1 – **e.** 2

Unité 1 Je suis…

Page 7, Grammaire
Les adjectifs de nationalité
1. Adjectifs masculins : américain – allemand – argentin
Adjectifs féminins : sénégalaise – espagnole – colombienne
2. a. suisse – **b.** colombien – **c.** congolaise – **d.** turc – **e.** tunisienne
3. a. française – **b.** suédois – **c.** japonaise – **d.** grec – **e.** anglais
4. a. italienne – **b.** belge – **c.** chinoise – **d.** marocain – **e.** coréenne – **f.** portugais
5. a. 4 – **b.** 1 – **c.** 2 – **d.** 6 – **e.** 3 – **f.** 5

Page 8, Grammaire
Les articles définis le, la, l', les
1. Pays masculins : Mali, Iran –
Pays féminins : France, Italie –
Pays au pluriel : Pays–Bas, États–Unis
2. a. Le – **b.** La – **c.** Le – **d.** L'
3. a. l' – **b.** la – **c.** l' – **d.** la – **e.** l'
4. a. le – la – **b.** les – l' – **c.** le – le

Page 9, Vocabulaire
Les loisirs, les nombres
1. a. 3 – **b.** 2 – **c.** 4 – **d.** 5 – **e.** 1
2. a. 7 – **b.** 1 – **c.** 3 – **d.** 5 – **e.** 4 – **f.** 2 – **g.** 6
3. a. quarante–six – **b.** trente–huit – **c.** soixante–cinq – **d.** cinquante–deux – **e.** trente–sept – **f.** cinquante et un
4. a. 59 – **b.** 68 – **c.** 40 – **d.** 31 – **e.** 06 69 31 42 57

Page 9, Phonie-graphie
a. 2. Nous sommes coréennes. – **b. 5.** J'aime le tennis. **c. 4.** Il s'appelle Vincent. – **d. 1.** Tu as quarante-deux ans. – **e. 6.** Il habite à Munich. – **f. 3.** Elle parle anglais.

Page 10, Grammaire
Les prépositions devant les noms de villes et de pays
1. a. à Moscou, en Russie – **b.** à Ottawa, au Canada – **c.** à Calcutta, en Inde – **d.** à Amsterdam, aux Pays-Bas – **e.** à Porto, au Portugal
2. a. à – **b.** aux – **c.** en – **d.** au – **e.** à – **f.** en
3. a. à Glasgow, au Royaume–Uni – **b.** à Rotterdam, aux Pays–Bas – **c.** à Bordeaux, en France – **d.** à Madrid, en Espagne – **e.** à Alger, en Algérie
4. a. a – **b.** sommes – **c.** as – **d.** sont – **e.** avez

Page 11, Grammaire
L'adjectif interrogatif *quel*
1. a. Quelles – **b.** quelle – **c.** Quelle – **d.** Quelles – **e.** Quels – **f.** quel
2. a. âge – **b.** langues – **c.** auteurs – **d.** numéro – **e.** ville – **f.** adresse
3. a. Quel – **b.** Quels – **c.** Quelle – **d.** Quelles – **e.** Quels – **f.** Quelles
4. a. Quel – **b.** Quel – **c.** Quelle – **d.** Quelles – **e.** Quels – **f.** Quelle
5. a. parle – **b.** parlons – **c.** parlez – **d.** parlent – **e.** parle – **f.** parles

Page 12, Vocabulaire
Les pays et les nationalités, l'identité et les coordonnées, les nombres (2)
1. a. belge – **b.** camerounais – **c.** coréen – **d.** sénégalaise – **e.** polonais – **f.** allemande
2. Prénom – Adresse – Pays – Numéro de téléphone – Mail
3. L'Argentine – L'Inde – tchèque – Le Maroc – américain(e) – Le Vietnam
4. a. date de naissance – **b.** 81 – **c.** 99 – **d.** 64 – **e.** lieu de naissance – **f.** 06 76 66 89 99

Page 12, Phonie-graphie
a. 3. Il est né en Inde. – **b. 4.** Elle est née aux États-Unis. – **c. 5.** Il habite aux îles Fidji. – **d. 2.** Elle habite en Espagne. – **e. 1.** Tu habites en Algérie.

Page 13, Compréhension orale
1. Adam Briant
2. belge
3. à Bruxelles
4. En France
5. EA311273

Page 13, Production écrite
Exemple de production : Il s'appelle Thomas Puissat. Il est né à Anvers, en Belgique. Il a 36 ans. Il habite à Marseille, en France. Il aime la musique et le cinéma. Il parle français, italien et japonais.

Page 14, Bilan linguistique, Grammaire
1. a. japonaise – **b.** turque – **c.** suédoise –

d. espagnole – **e.** mexicaine
2. a. le – **b.** l' – **c.** l' – **d.** les – **e.** la
3. a. en – **b.** aux – **c.** à – **d.** au – **e.** en
4. a. 4 – **b.** 2 – **c.** 5 – **d.** 3 – **e.** 1

Page 15, Bilan linguistique, Vocabulaire
1. Raquel aime l'art, les langues, le cinéma, la musique, et le sport.
2. a. 42 – **b.** 59 – **c.** 31 – **d.** 68 – **e.** 51
3. a. Allemagne – **b.** États-Unis –
c. Argentine – **d.** Maroc – **e.** Vietnam
4. a. soixante-dix-neuf – **b.** quatre-vingt-deux – **c.** quatre-vingt-douze –
d. soixante-dix – **e.** quatre-vingts

Page 16, DELF
1. Compréhension de l'oral
1. C. – **2.** A. – **3.** B. – **4.** C.
2. Compréhension des écrits
1. A. – **2.** A. – **3.** C. – **4.** B. – **5.** B.

Page 17, DELF
3. Production écrite
Exemple de production
Nom : XXXXXXXXXXXXXXX
Prénom : Atsuko
Adresse (numéro et rue) : 5 rue Martainville
Ville : Rouen
Téléphone : 06 25 39 07 13
Âge : 22 ans
Nationalité : japonaise
Langues : japonais, anglais
Qu'est–ce que vous aimez ? la musique, le café
Pays préféré : Italie

Page 17, DELF
4. Production orale
Exemple d'échange d'informations
Nationalité : Vous êtes française ?
Âge : Vous avez quel âge ?
Téléphone : Quel est votre numéro de téléphone ?
Aimer : Vous aimez le cinéma ?
Langue : Vous parlez quelle(s) langue(s) ?
Habiter : Dans quelle ville vous habitez ?

Page 18, Jeux
1. art – sport – langues – cinéma – musique
2.

3. a. l'Algérie – **b.** la Colombie – **c.** le Brésil – **d.** l'Allemagne – **e.** le Cameroun – **f.** les Pays–Bas
4. Réponses libres

Unité 2 Près de moi

Page 19, Grammaire
Les articles définis et indéfinis
1. a. un – **b.** le – **c.** la – **d.** les – **e.** des – **f.** l' – **g.** une
2. a. un – **b.** les – **c.** l' – **d.** le
3. un – le –un – une – L' – la – des – un – une
4. a. habitent – **b.** habite – **c.** habite – **d.** habitons – **e.** habitez – **f.** habites

Page 20, Grammaire
Verbes en –er au présent
1. a. je – **b.** j' – **c.** n' – **d.** n' – **e.** ne – **f.** j'
2. a. 4 – **b.** 1 – **c.** 6 – **d.** 2 – **e.** 3 – **f.** 5
3. a. aime – **b.** adorent – **c.** parle – **d.** détestes – **e.** aimons – **f.** dansez
4. a. déteste – **b.** marche – **c.** adorent – **d.** habitez – **e.** danses – **f.** skions
5. a. ne marchons pas – **b.** n'aime pas – **c.** ne parle pas – **d.** n'aiment pas – **e.** n'habitez pas – **f.** ne dansez pas

Page 21, Vocabulaire
Les lieux, les loisirs
1. a. natation – **b.** marche – **c.** danser
2. a. appartement – **b.** mer – plages – **c.** quartier – **d.** instrument
3. a. 3 – **b.** 6 – **c.** 7 – **d.** 4 – **e.** 5 – **f.** 1 – **g.** 2
4. a. films – **b.** festival – **c.** guitare – **d.** marche – **e.** université

Page 21, Phonie-graphie
1. voir transcription
2. J'habit**e** à Grenoble. Je travaill**e** à l'université. Mon collègue Mathieu jou**e** de la guitare et ma collègue Manon jou**e** du piano. Ils ador**ent** la musique classique. Avec mon amie Pauline, nous aim**ons** le cinéma.

Page 22, Grammaire
Les adjectifs possessifs
1. a. Ma – **b.** Ton – **c.** Sa – **d.** Mes – **e.** Tes – **f.** Sa
2. a. ses frères – **b.** nos enfants – **c.** leurs amis – **d.** vos filles – **e.** leurs fils – **f.** nos cousins
3. a. à moi – **b.** à moi – **c.** à vous – **d.** à toi – **e.** à lui/à elle – **f.** à vous – **g.** à eux/à elles – **h.** à nous
4. a. ton – **b.** ma – **c.** sa – **d.** son – **e.** mes – **f.** leurs

Page 23, Grammaire
Le masculin et le féminin des professions
1. Masculin : infirmier – informaticien – étudiant
Féminin : professeure – actrice – coiffeuse
2. professeure – informaticien – étudiant – coiffeuse – actrice – infirmier
3. a. infirmier – **b.** coiffeur – **c.** informaticienne – **d.** étudiant – **e.** actrice
4. a. étudie – **b.** travaillons – **c.** travaillent – **d.** étudient – **e.** travaillez – **f.** études
5. a. travaille – **b.** travaillent – **c.** étudie – **d.** étudient – **e.** travaillez – **f.** études

Page 24, Vocabulaire
La famille, les professions
1.

2. a. oncle – **b.** grands–parents – **c.** cousin – **d.** petite–fille – **e.** tante
3. a. grand–père – **b.** mari – **c.** nièce – **d.** petits–enfants – **e.** petit ami – **f.** mariage
4. a. professeure – **b.** fleuriste – **c.** coiffeur – **d.** informaticien – **e.** étudiante – **f.** acteur

Page 24, Phonie-graphie
1. a. [n] – **b.** [-] – **c.** [z] – **d.** [z] – **e.** [n] – **f.** [-]
2. voir transcription.

Page 25, Compréhension écrite
1. a. petit ami de Fiona – **b.** professeur – **c.** n'a pas de frères et sœurs
2. a. Vrai – **b.** Vrai – **c.** Faux
3. La danse et la musique
4. Ils ont un piano

Page 25, Production orale
Jeux de rôle (réponses libres)

Page 26, Bilan linguistique, Grammaire
1. a. une – **b.** les – **c.** l' – **d.** un – **e.** la
2. a. parle – **b.** habitons – **c.** skie – **d.** aimez – **e.** adorent
3. a. son – **b.** Ma – **c.** ses – **d.** leur – **e.** leurs
4. a. coiffeuse – **b.** fleuriste – **c.** actrice – **d.** infirmier – **e.** informaticienne

Page 27, Bilan linguistique, Vocabulaire
1. quartier – guitare – festival – plage – mer
2. a. 5 – **b.** 4 – **c.** 1 – **d.** 2 – **e.** 3
3. a. Vrai – **b.** Vrai – **c.** Vrai – **d.** Faux – **e.** Vrai
4. a. infirmier – **b.** petit ami – **c.** petits–enfants – **d.** actrice – **e.** professeure

Page 28, DELF
1. Compréhension de l'oral
A : situation n°4. – **B :** ne correspond à aucune situation. – **C :** situation n°2. – **D :** ne correspond à aucune situation. – **E :** situation n°3. – **F :** situation n°1.
2. Compréhension des écrits
1. C. – **2.** A. – **3.** A. – **4.** B. – **5.** C.

Page 29, DELF
3. Production écrite
Exemple de production : Bonjour, Je m'appelle Atsuko. Je suis japonaise, j'ai 22 ans. J'étudie les langues à l'université de Rouen. Mes parents habitent au Japon, à Osaka. Je n'ai pas de frères et sœurs. J'adore la musique française et le café italien. Le week-end, je vais au cinéma ou au restaurant avec mes amis. À bientôt !
4. Production orale
Exemples d'échange d'informations
Profession : Quelle est votre profession ?
Quartier : Votre quartier est calme ?

Adresse : Vous habitez où ?
Sport : Vous aimez le sport ?
Famille : Combien vous avez de frères et sœurs ?
Détester : Quelle ville vous détestez ?

Page 30, Jeux
1. a. célibataire – **b.** marié – **c.** mariage – **d.** petit ami – **e.** étudiant – **f.** enfants
2. Six professions au masculin

3. Conjuguer les verbes

4. Réponses libres.

Unité 3 Qu'est-ce qu'on mange ?

Page 31, Grammaire
Le singulier et le pluriel des noms
1. Singulier : baguette – courgette – panier – poulet. **Pluriel :** abricots – tomates – pâtes
2. a. yaourts – **b.** panier – **c.** œufs – **d.** poivrons – **e.** produits – **f.** formule
3. a. fruits – **b.** boulangerie – **c.** poissonnier – **d.** fruits – légumes – **e.** fromages
4. a. pêche – **b.** kilos – **c.** carte – **d.** épiceries – **e.** paquet

Page 32, Grammaire
Les prépositions de lieu (1)
1. a. chez le – **b.** au – **c.** à la – **d.** chez l' – **e.** à l' – **f.** aux
2. a. 3 – **b.** 5 – **c.** 2 – **d.** 1 – **e.** 4 – **f.** 6
3. a. chez la – **b.** à la – **c.** au – **d.** chez l' – **e.** aux – **f.** à la
4. a. chez – **b.** au – **c.** au – **d.** à – **e.** chez
5. a. payes – **b.** achètent – **c.** vais – **d.** payez – **e.** achète – **f.** allez

Page 33, Vocabulaire
Les commerces, la nourriture
1. Commerces : la poissonnerie – la fromagerie – la boucherie – **Commerçants :** la bouchère – la poissonnière – la fromagère
2. a. croissants – **b.** haricots verts – **c.** pommes de terre – **d.** fraises – pêches – **e.** poisson – viande
3. a. boite – **b.** carte – **c.** espèces – **c.** paquet – **d.** pot – **e.** fromage – **f.** salade

Page 33, Phonie-graphie
1. a. [i] : 1 – [y] : 2 – [u] : 3 – **b.** [i] : 2 – [y] : 2 – [u] : 2 – **c.** [i] : 4 – [y] : 0 – [u] : 2 – **d.** [i] : 5 – [y] : 1 – [u] : 0 – **e.** [i] : 4 – [y] : 1 – [u] : 1
2. Lundi, Lucie fait une liste de courses. Elle va à la boulangerie et au supermarché. Elle achète un pain, un poulet, deux bouteilles de jus de pommes et beaucoup de légumes.

Page 34, Grammaire
La quantité non définie
1. des pâtes, du beurre, beaucoup de légumes, de l'huile d'olive, un peu de fruits, de la crème, pas de viande.
2. a. de la – **b.** du – **c.** de la – **d.** de – **e.** de l'
3. a. du – **b.** de – **c.** de – **d.** de la – **e.** de l'
4. a. faisons – **b.** mangez – **c.** faisons – **d.** mangent – **e.** mangeons – **f.** font

Page 35, Grammaire
Les verbes en –ir (2e groupe) au présent
1. a. Nous – **b.** Il – **c.** Je – **d.** Tu – **e.** Ils – **f.** Vous
2. a. choisissez – **b.** finissent – **c.** choisissent – **d.** finis – **e.** choisit
3. a. choisissons – **b.** choisis – **c.** finis – **d.** finissez – **e.** choisissent
4. a. finit – **b.** choisit – **c.** finissez – **d.** choisissons – **e.** finis

Page 36, Vocabulaire
Les repas
1. a. 2 – **b.** 1 – **c.** 6 – **d.** 5 – **e.** 4 – **f.** 3
2. a. 4 – **b.** 6 – **c.** 1 – **d.** 5 – **e.** 2 – **f.** 3
3. a. l'addition – **b.** une tarte aux pommes – **c.** le magret de canard – **d.** la glace – **e.** un jus de fruit
4. Le client : plat du jour – **Le serveur :** menu – plat – dessert – **Le client :** riz au lait – eau

Page 36, Phonie-graphie
1. a. J'aime bien manger du poisson. Et toi ? Moi je préfère manger de la viande. **b.** Qu'est–ce que tu choisis ? La blanquette de veau. **c.** Et tu manges toujours un dessert ? Oui j'adore les desserts. **d.** Tu voudrais un café ? Un thé ? Je préfère un thé. Je n'aime pas le café et toi ? Je voudrais un café.
2. Voir audio et transcription.

Page 37, Compréhension orale
1. un couple
2. l'homme
3. a. une omelette – **b.** une salade de tomates – **c.** une tarte aux pommes
4. à l'épicerie

Page 37, Production écrite
Exemple de production : Salut ! Je voudrais manger un croque-monsieur et une salade verte. Tu achètes le pain et les œufs ? Moi, je vais au marché, j'achète le jambon, le fromage et la salade. Je fais une mousse au chocolat pour le dessert. On a du chocolat ?

Page 38, Bilan linguistique, Grammaire
1. a. œufs – **b.** poulet – **c.** panier – **d.** pots de crème – **e.** bouteille
2. a. aux – **b.** chez le – **c.** au – **d.** à l' – **e.** chez la
3. a. du – **b.** de l' – **c.** des – **d.** de la – **e.** de
4. a. finis – **b.** choisis – **c.** finit – **d.** choisissez – **e.** finissons

Page 39, Bilan linguistique, Vocabulaire
1. a. boulangerie – **b.** fromagerie – **c.** poissonnière – **d.** carte – **e.** viande
2. a. 4 – **b.** 1 – **c.** 2 – **d.** 5 – **e.** 3
3. Plat principal : le magret de canard – la quiche – la blanquette de veau – **Dessert :** le riz au lait – la mousse au chocolat
4. a. 3 – **b.** 1 – **c.** 2 – **d.** 5 – **e.** 4

Page 40, DELF
1. Compréhension de l'oral
1. B. – **2.** C. – **3.** B. – **4.** A.
2. Compréhension des écrits
1. B. – **2.** B. – **3.** A. – **4.** C. – **5.** C.

Page 41, DELF
3. Production écrite
Exemple de production
Nom : XXXXXXXXXXXXXXX
Prénom : Aishwarya
Date de naissance : 27/04/2000
Nationalité : indienne
Courriel : aish.gupta@gmail.com
Adresse (numéro et rue) : 12 rue Beauvoir
Pays : France
Téléphone : 07 66 41 32 13
Profession : enseignante de mathématiques
Plats préférés : quiche de légumes, risotto de champignons

4. Production orale
Exemple de dialogue
Vous : Bonjour monsieur !
Serveur : Bonjour madame !
Vous : Vous avez de la place pour trois personnes, s'il vous plaît ?
Serveur : Oui, bien sûr, installez-vous à cette table, à côté de la fenêtre.
Vous : Merci beaucoup. Quel est le plat du jour ?
Serveur : C'est le steak-frites.
Vous : Ah, non merci, je suis végétarienne. Est-ce que vous avez des plats sans viande et sans poisson ?
Serveur : Nous avons un croque-monsieur végétarien.
Vous : D'accord, je vais prendre le croque-monsieur, s'il vous plaît. Combien ça coûte ?

Serveur : Le menu avec un plat et un dessert est à 15 euros. Si vous ajoutez une entrée ou une boisson c'est à 20 euros. Et le menu complet, entrée, plat, dessert et boisson est à 27 euros.
Vous : Je vais prendre la formule plat et dessert, s'il vous plaît. Est-ce que je peux payer par carte bancaire ?
Serveur : Oui, c'est possible. Alors, le dessert du jour, c'est une tarte aux fraises, elle est très bonne. Nous avons aussi des glaces.
Vous : Je voudrais bien 3 boules de glace, s'il vous plait : fraise, vanille et chocolat.
Serveur : Parfait. Et comme boisson ?
Vous : Je vais prendre de l'eau, s'il vous plaît.
Serveur : Très bien. J'apporte tout ça dans quelques minutes.
Vous : Merci !

Page 42, Jeux
1. Réponses libres.
2. Les noms d'aliments

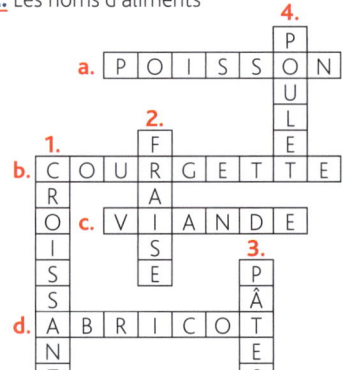

3. ils/elles choisissent – ils/elles vont – nous allons – vous mangez – je/il/elle/on paie – je vais – il/elle/on choisit – il/elle/on va – tu manges
4. Commerçant(e)s :
a. poissonnière – **b.** boulanger
Commerces : a. Boucherie –
b. Fromagerie
Vaisselle : a. fourchette – **b.** Assiette
Plats : a. omelette – **b.** quiche

Unité 4 C'est où ?

Page 43, Grammaire
C'est un(e) – Il/Elle est
1. a. C'est – **b.** Il est – **c.** C'est – **d.** C'est – **e.** Ce sont
2. a. C'est – **b.** il est – **c.** c'est – **d.** c'est – **e.** c'est
3. a. 3 – **b.** 1 – **c.** 4 – **d.** 2
4. c'est – Il est – il est – il est – C'est – ce sont – C'est – Elle est

Page 44, Grammaire
La fréquence
1. a. toujours – **b.** souvent – **c.** toujours – **d.** jamais – **e.** souvent
2. a. jamais – **b.** souvent – **c.** toujours – **d.** jamais – **e.** souvent

3. a. vrai – **b.** faux – **c.** faux – **d.** vrai – **e.** faux – **f.** faux
4. a. Le théâtre propose souvent un programme intéressant. – **b.** Ma mère ne va jamais à la bibliothèque le samedi. – **c.** Je prends toujours le pont Saint–Laurent. – **d.** Avec ma classe, on va souvent au musée. – **e.** Nous n'allons jamais au théâtre.

Page 45, Vocabulaire
La ville
1. a. gare – **b.** fleuve – **c.** théâtre – **d.** banlieue – **e.** quai – **f.** avenue
2. a. gare – **b.** bibliothèque – **c.** théâtre – **d.** parcs / jardins – **e.** école – **f.** musée
3. a. 3 – **b.** 2 – **c.** 1 – **d.** 5 – **e.** 4

Page 45, Phonie-graphie
a. [ɛ̃] : 2 – [ɑ̃] : 1 – **b.** [ɛ̃] : 2 – [ɑ̃] : 2 – **c.** [ɛ̃] : 1 – [ɑ̃] : 4 – **d.** [ɛ̃] : 1 – [ɑ̃] : 3 – **e.** [ɛ̃] : 2 – [ɑ̃] : 2

Page 46, Grammaire
L'impératif
1. a. présent – **b.** impératif – **c.** présent – **d.** impératif – **e.** présent
2. a. Prends – **b.** Traversons – **c.** Soyez – **d.** Va – **e.** Ayons – **f.** Achetez
3. a. Fais attention dans la rue, s'il te plaît ! – **b.** Prenons le bus aujourd'hui. – **c.** Allez à pied à la gare. – **d.** Sois calme en voiture. – **e.** Regardons le plan sur le téléphone. – **f.** Cherchez l'itinéraire sur Internet.
4. a. Allez / prenez – **b.** marchons – **c.** Regarde / monte / descends
5. a. prennent – **b.** prenons – **c.** prends – **d.** prenez – **e.** prend

Page 47, Grammaire
Les connecteurs *pour*, *parce que*, *mais*, *avec*, *sans*
1. a. mais – **b.** sans – **c.** Avec – **d.** Pour – **e.** parce que
2. a. avec – **b.** parce que – **c.** Pour – **d.** parce qu' – **e.** mais
3. a. 2 – **b.** 1 – **c.** 5 – **d.** 4 – **e.** 3 – **f.** 6
4. a. parce qu' – **b.** avec – **c.** pour – **d.** mais – **e.** parce que – **f.** sans

Page 48, Vocabulaire
Les transports et les nombres
1. a. en trottinette – **b.** à pied – **c.** en vélo – **d.** en bus – **e.** en voiture
2. a. 3 – **b.** 1 – **c.** 2 – **d.** 4 – **e.** 6 – **f.** 5
3. a. 1 300 420 – **b.** itinéraire – **c.** 256 045 – **d.** ticket – **e.** covoiturage –

Page 48, Phonie-graphie
a. [ɑ̃] : 2 – [ɔ̃] : 1 – **b.** [ɑ̃] : 5 – [ɔ̃] : 2 – **c.** [ɑ̃] : 2 – [ɔ̃] : 2 – **d.** [ɑ̃] : 3 – [ɔ̃] : 1 – **e.** [ɑ̃] : 1 – [ɔ̃] : 2

Page 49, Compréhension écrite
1. a. vrai – **b.** faux – **c.** vrai
2. a. n'habite pas loin de la place de la mairie – **b.** prend souvent le vélo pour aller dans la nature. – **c.** prendre le train – **d.** à pied / en métro

Page 49, Production orale
Jeux de rôle (réponses libres)

Page 50, Bilan linguistique, Grammaire
1. a. C'est – **b.** Elle est – **c.** ce sont – **d.** Il est – **e.** c'est
2. a. Je prends toujours le bus pour aller à l'école. – **b.** Avec mes parents, on va souvent au musée. – **c.** Tu vas souvent à la bibliothèque ? – **d.** L'Office du tourisme organise souvent des visites guidées. – **e.** Vous n'allez jamais au théâtre ?
3. a. Va à l'école à pied. – **b.** Montons dans le bus. – **c.** Soyez sympas. – **d.** Aie du courage. – **e.** Ne regarde pas sur Internet.
4. a. avec – **b.** Sans – **c.** pour – **d.** parce qu' – **e.** mais

Page 51, Bilan linguistique, Vocabulaire
1. a. banlieue – **b.** musée – **c.** bibliothèque. **d.** gare – **e.** école
2. a. faux – **b.** vrai – **c.** faux – **d.** faux – **e.** vrai
3. a. l'arrêt – **b.** un ticket – **c.** le train – **d.** covoiturage – **e.** à pied
4. a. 345 – **b.** 6 329 – **c.** 1 661 – **d.** 8 000 000 000 – **e.** 1 700 000

Page 52, DELF
1. Compréhension de l'oral
1. B. – **2.** A. – **3.** C. – **4.** B.
2. Compréhension des écrits
1. C. – **2.** B. – **3.** A. – **4.** B. – **5.** C.

Page 53, DELF
3. Production écrite
Exemple de production : Salut Alexis, tu vas bien ? Maintenant, j'habite à Grenoble ! Je t'invite chez moi pendant les vacances d'hiver. Tu viens ? Nous allons visiter la ville, il y a un très beau musée. Nous pouvons faire des randonnées dans la montagne et du ski. À bientôt.

4. Production orale
Exemple de dialogue
Vous : Bonjour !
Employé : Bonjour !
Vous : Je suis en vacances en France pour visiter le pays. Je suis à Paris, mais je veux aller dans le Sud.
Employé : Oui, bien sûr, dans quelle ville voulez–vous aller ? Une ville au bord de la mer, comme Marseille ?
Vous : Non, je n'ai pas envie de me baigner. Toulouse, c'est loin de Paris ?
Employé : Le train rapide met environ 4 h 30.
Vous : Très bien, je veux partir demain. Combien coûte le trajet ?
Employé : Paris–Toulouse, en TGV et sans carte de réduction, c'est 137 euros.
Vous : 137 euros ? C'est très cher !
Vous : Et combien coûte le trajet Paris-Lyon ?
Employé : Lyon est aussi une très belle ville. Les prix pour demain sont entre 62 et 76 euros.
Vous : Je vais prendre un billet pour Lyon alors.
Employé : D'accord, à quelle heure souhaitez–vous partir ?

Vous : Le matin, c'est possible ?
Employé : Oui, bien sûr. Il y a un train au départ de Paris Gare de Lyon à 9 h 52. Il arrive en gare de Lyon Part Dieu à 10 h 03.
Vous : C'est très bien, je vais réserver ce billet, s'il vous plaît.
Employé : Oui, ce sera 65, 62 euros.
Vous : Je peux payer par carte ?
Employé : Non, désolé, la machine ne fonctionne pas.
Vous : Je vais payer en espèces alors.
Employé : Merci, bon voyage !
Vous : Merci, au revoir !

Page 54, Jeux
1. Réponses libres
2. a. école – **b.** mairie – **c.** fontaine – **d.** centre–ville – **e.** touriste
3.

E	F	R	Y	C	V	B	D	A	À	Ù	B
M	V	N	E	Q	K	N	I	U	È	V	I
L	F	E	R	D	É	C	O	L	E	G	B
H	F	S	E	H	G	S	T	E	P	A	L
I	I	C	Z	I	L	A	I	R	M	E	I
K	P	X	A	T	I	D	B	C	A	L	O
C	O	M	M	I	S	S	A	R	I	A	T
L	S	X	U	K	E	L	N	J	R	I	H
M	T	C	S	O	T	L	Q	O	I	M	È
O	E	Q	É	L	G	U	U	K	E	E	Q
T	U	V	E	D	V	C	E	I	J	R	U
J	I	Y	D	D	I	I	T	K	A	J	E
T	H	É	Â	T	R	E	H	I	H	I	Z

4. Prends / allez / aie / va / regardons / tourne / sois / ayons / demande
5. 9 915 km → Lima – 2 871 km → Moscou – 8 735 km → Las Vegas – 3 115 km → Tambov – 8 019 km → Vancouver – 17 313 km → Sydney – 8 559 km → Washington – 10 010 km → Hong-Kong – 8 771 km → Rio de Janeiro – 9 658 km → Shangai

Unité 5 C'est tendance !

Page 55, Grammaire
Le genre et le nombre des adjectifs
1. a. féminin – **b.** masculin – **c.** féminin – **d.** féminin – **e.** masculin – **f.** féminin – **g.** masculin – **h.** féminin
2. a. élégante – **b.** noires – **c.** bleue – **d.** belle – **e.** gris
3. a. courtes – simples – **b.** longues – grises – **c.** élégantes – **d.** belles – **e.** gris – noires
4. a. Ils mettent – **b.** tu vends – **c.** Je viens – **d.** Nous vendons – **e.** Vous mettez

Page 56, Grammaire
Le futur proche
1. a. présent – **b.** futur proche – **c.** futur proche – **d.** présent – **e.** futur proche – **f.** présent – **g.** futur proche – **h.** présent
2. a. Je vais porter – **b.** Léa va être – **c.** Ils vont acheter – **d.** Malik va mettre
3. a. Elle va tricoter un pull cet hiver. – **b.** Tu vas créer des vêtements ce week-end. – **c.** Je vais vendre des vêtements ce soir. – **d.** Elle va acheter des chaussures samedi. – **e.** Vous allez prendre des cours de couture en avril
4. a. Ce matin, ils vont acheter des vêtements. – **b.** Demain, Marine va offrir un pull à son mari. – **c.** En été, vous allez porter des robes légères. – **d.** Jeudi, je vais prendre des cours de couture.

Page 57, Vocabulaire
Les vêtements, les accessoires, la météo
1. a. Je vends une robe longue, noire, en coton. – **b.** Je vends un manteau gris, en laine. – **c.** Je vends des bottes marron, en cuir. – **d.** Je vends un gilet rose, en laine – **e.** Je vends un pantalon vert, en coton.
2. a. Sarah – **b.** Noé – **c.** Philippe – **d.** Lucile
3. a. 5 / 6 – **b.** 3 / 4 / 7 – **c.** 2 / 5 / 6 / 7 – **d.** 1 / 3 / 4 / 7

Page 57, Phonie-graphie
a. [ʃ] : 2 – [ʒ] : 3 – **b.** [ʃ] : 3 – [ʒ] : 3 – **c.** [ʃ] : 4 – [ʒ] : 2 – **d.** [ʃ] : 1 – [ʒ] : 1 – **e.** [ʃ] : 3 – [ʒ] : 3

Page 58, Grammaire
La place des adjectifs
1. a. un costume élégant – **b.** une robe rouge – **c.** un chapeau blanc – **d.** ton sac à dos bleu – **e.** les grandes valises
2. a. baskets bleues – **b.** tenues élégantes. – **c.** jupes courtes – **d.** jolie robe – **e.** bon appareil photo.
3. a. Elena cherche une petite enceinte. – **b.** Vous avez une montre connectée ! – **c.** C'est une bonne idée ! – **d.** Pour son anniversaire, nous voulons un beau cadeau. – **e.** Il achète un sac à dos vert.
4. *Exemples de réponses :* **a.** Vous offrez une valise lourde. – **b.** Louise et Léo vendent un ordinateur portable. – **c.** J'achète des vêtements élégants. – **d.** Tu portes une tenue décontractée. – **e.** Nous offrons une jolie tenue. – **f.** Louise et Léo vendent des vêtements élégants.

Page 59, Grammaire
Les adjectifs démonstratifs
1. a. masculin – **b.** pluriel – **c.** féminin – **d.** pluriel – **e.** masculin – **f.** féminin
2. a. Cet étui est rouge. – **b.** Ce chapeau est joli. – **c.** Cette valise est très lourde. – **d.** Ces lunettes sont à vendre. – **e.** Cette veste est grande.
3. a. Cette – **b.** Ce – **c.** Ces – **d.** Cet – **e.** Cette
4. a. Cette – **b.** Ces – **c.** Cet – **d.** Ces – **e.** Ce

Page 60, Vocabulaire
Les objets technologiques, les objets du quotidien
1. écouteurs sans fil – mode – légers – pratiques – noirs – rectangulaire – en cuir
2. a. 5 – **b.** 1 – **c.** 6 – **d.** 4 – **e.** 2 – **f.** 3
3. Paul : des écouteurs sans fil – **Karim :** une valise – **Isabelle :** une tablette – **Noémie :** une batterie externe – **Manon :** une montre connectée – **Valentin :** un portefeuille

Page 60, Phonie-graphie
a. joyeux – **b.** petits – **c.** nouvelles / petit / bons

Page 61, Compréhension orale
1. Chez la sœur de Laure à Nice – **2.** Faux. Il veut prendre un jean noir. – **3.** La scène se passe au printemps. – **4.** Il va faire chaud. – **5.** Il pleut. – **6.** Son short rouge, des tee-shirts, et un pantalon pour aller au restaurant le soir. – **7.** Laure prend ses baskets. – **8.** Parce qu'il est lourd. – **9.** Laure prend aussi ses lunettes de soleil et son chapeau

Page 61, Production écrite
Exemple de réponse : Salut Emma, Comment vas-tu ? Tu vas venir samedi et je suis très contente. À Lyon, en hiver, il fait froid et il y a du vent. Tu peux prendre des pulls, des pantalons, un gros manteau. Samedi, nous allons visiter le centre-ville et nous allons beaucoup marcher. Tu peux mettre tes baskets dans ta valise ! À samedi ! Laure.

Page 62, Bilan linguistique, Grammaire
1. a. Une jupe élégante – **b.** Des robes chaudes – **c.** Une ceinture grise – **d.** Des vestes vertes – **e.** Une tenue blanche
2. a. son pull gris – **b.** les vêtements noirs – **c.** une montre connectée – **d.** les chaussures élégantes – **e.** des vêtements chers
3. a. Oui, il va faire beau cet après-midi. – **b.** Oui, je vais venir à l'anniversaire de Lucas. – **c.** Oui, nous allons mettre un manteau. – **d.** Oui, ils vont prendre leur ordinateur. – **e.** Oui, je vais vendre mes écouteurs.
4. a. ces – **b.** Cet – **c.** ce – **d.** ce – **e.** Ces

Page 63, Bilan linguistique, Vocabulaire
1. a. mon imperméable – **b.** taille – **c.** robe – **d.** costume – **e.** bottes
2. a. Il pleut – **b.** Il neige – **c.** Il fait beau – **d.** Il fait chaud – **e.** Il fait froid
3. a. des écouteurs – **b.** un cadre photo – **c.** des chaussures – **d.** un sac à dos – **e.** une enceinte Bluetooth
4. a. Un smartphone est rectangulaire – **b.** Ton cadre photo est rond / rectangulaire – **c.** Cette valise est lourde / légère – **d.** Le porte-monnaie est léger / en cuir – **e.** Cette tablette est grande / rectangulaire

Page 64, DELF
1. Compréhension de l'oral
1. B – **2.** A – **3.** A – **4.** B – **5.** A
2. Compréhension des écrits
1. C – **2.** A. – **3.** C. – **4.** C. – **5.** B.

Page 65, DELF
3. Production écrite
Nom : XXXXXXXXXXXXXX
Prénom : Jugurta
Date de naissance : 11/05/2001
Nationalité : suisse
Courriel : jugurta07@gmail.com
Adresse postale (numéro et rue) : 17 rue de la Victoire
Pays : France
Téléphone : 07 56 43 12 40
Profession : ingénieur informatique

Couleurs préférées : jaune, vert
4. Production orale
Exemple de dialogue :
Vous : Bonjour monsieur !
Vendeur : Bonjour madame !
Vous : Je voudrais acheter une robe pour ma sœur, c'est son anniversaire.
Vendeur : D'accord. Quelle taille il vous faut ?
Vous : Je pense que sa taille est M.
Vendeur : Très bien, quelle couleur ?
Vous : Elle aime bien le vert. Quel est le prix de cette robe ?
Vendeur : Elle est à 27 euros.
Vous : Je vais la prendre, merci. Et pour moi, je voudrais cette chemise rouge. Combien elle coûte ?
Vendeur : Elle est à 37 euros.
Vous : Est-ce que vous avez un modèle moins cher ?
Vendeur : Pas en rouge, nous avons cette chemise blanche à 32 euros.
Vous : Je vais prendre la chemise blanche. Et pour la cravate, vous avez du rouge ?
Vendeur : Oui, nous avons plusieurs modèles, de 5 euros à 24 euros.
Vous : Je vais prendre la cravate rouge à 8 euros.
Vendeur : Très bien, ça fera 67 euros, s'il vous plaît.
Vous : Je peux payer par carte ?
Vendeur : Oui, bien sûr.
Vous : Voilà, merci, au revoir.
Vendeur : Au revoir, bonne journée !

Page 66, Jeux
1. Verticalement : 1. PANTALON – **2.** MANTEAU – **3.** CHAPEAU – **4.** COSTUME
Horizontalement : a. PULL – **b.** SAC – **c.** BASKETS – **d.** PARAPLUIE – **e.** POINTURE
2. a. sac – **b.** parapluie – **c.** couleur – **d.** cuir
3. a. tablette – **b.** montre – **c.** ordinateur – **d.** rond – **e.** écouteurs
4. pluie – soleil – nuage – vent – degré
5. a. une valise – **b.** un portefeuille – **c.** une tablette – **d.** une montre connectée – **e.** une batterie externe

Unité 6 Qu'est-ce qu'on fait aujourd'hui ?

Page 67, Grammaire
Les verbes pronominaux au présent
1. a. Il s'habille – **b.** Tu t'habilles – **c.** Vous vous habillez – **d.** Nous nous habillons
2. tu te lèves – je me réveille – je me lève – tu te laves – je me lave – je me prépare – je m'habille – je me coiffe – tu te maquilles
3. je me réveille – je me douche – je me rase – Ma femme se lève – nous nous promenons
4. a. Mon frère ne se lave pas – **b.** Je ne me réveille pas – **c.** Alexandra et Géraldine ne se maquillent pas – **d.** Nous ne nous préparons pas – **e.** Tu ne te rases pas

Page 68, Grammaire
La fréquence
1. a. Christine mange parfois au restaurant. – **b.** Nous lisons souvent le journal. – **c.** Tous les mardis, je vais au sport. – **d.** Le samedi, vous allez au cinéma. – **e.** Tu ne fais jamais la vaisselle.
2. (plusieurs réponses possibles)
a. toujours / parfois – **b.** rarement – **c.** jamais – **d.** parfois / toujours / souvent – **e.** souvent – tous les
3. (exemples de réponses) **a.** Nous regardons la télévision tous les soirs – **b.** Ils écoutent souvent la radio. – **c.** Tu joues parfois aux jeux vidéo. – **d.** Michel ne fait jamais la lessive. – **e.** Vous déjeunez toujours ensemble.
4. a. tu peux – **b.** je veux – **c.** Ma petite sœur veut – **d.** Nous voulons – **e.** Vous pouvez

Page 69 Vocabulaire
L'heure, les activités
1. b – c – e – f – h – j
2. a. la musique – **b.** faire la lessive – **c.** parler – **d.** écouter de la musique
3. 7 h 10 – 7 h 45 – 9 h 30 – 12 h 15 – 13 h 30 – 18 h – 19 h
4. a. midi moins dix – **b.** sept heures et quart – **c.** treize heures quarante – **d.** sept heures moins le quart – **e.** midi et demi

Page 69, Phonie-graphie
1. a. [s] : 6 – [z] : 2 – **b.** [s] : 5 – [z] : 1 – **c.** [s] : 3 – [z] : 3 – **d.** [s] : 2 – [z] : 2 – **e.** [s] : 2 – [z] : 2
2. Le **s**amedi, nous fai**s**ons les cour**s**es, la cui**s**ine, la le**ss**ive et la vai**ss**elle. Mais le dimanche, nous nous repo**s**ons, nous écoutons de la mu**s**ique, nous fai**s**ons du **s**port ou nous allons voir des amis. Parfois, nous vi**s**itons une expo**s**i**t**ion ou nous allons au **c**inéma.

Page 70, Grammaire
Le passé récent
1. a. Tu viens – **b.** Nous venons – **c.** Je viens – **d.** Vous venez – **e.** Ils viennent
2. a. présent – **b.** passé récent – **c.** présent – **d.** passé récent – **e.** passé récent
3. a. Je viens de lire un article de journal. – **b.** Ils viennent de regarder une série. – **c.** Nous venons de faire un jogging. – **d.** Tu viens d'écouter l'émission ? – **e.** Il vient d'aller au cours de dessin.
4. a. elle vient de cuisiner – **b.** nous venons de manger – **c.** il vient de courir – **d.** vous venez de travailler – **e.** je viens de me lever

Page 71, Grammaire
Les verbes en IR au présent
1. a. 4 – **b.** 3 – **c.** 5 – **d.** 1 – **e.** 6 – **f.** 2
2. a. Je pars au travail à 7h. – **b.** Tu dors beaucoup le week-end. – **c.** Vous sortez de la maison. – **d.** Elle dort le jour et elle travaille la nuit. – **e.** Ils partent en vacances.
3. (exemples de réponses) **a.** Oui, je sors le samedi soir. – **b.** Il part à 8h. – **c.** Je dors à l'hôtel. – **d.** Oui, il sort avec elle. / Oui, ils sortent ensemble. – **e.** Non, nous partons en bus.
4. (exemples de réponses) **a.** Je sors tous les soirs – **b.** Nous dormons beaucoup – **c.** Tu pars en vacances – **d.** Ils viennent chez moi – **e.** Vous sortez en ville

Page 72, Vocabulaire
La description physique, le caractère
1. a. Thérèse – **b.** Charles – **c.** Marie-France – **d.** Igor
2. a. mince – **b.** calme – **c.** grande – **d.** méchant – **e.** longue – **f.** raides
3. Anna : grande / blonds, courts / petits yeux verts / bavarde, sociable, stressée
Jacques : petit, mince / chauve / petite moustache grise / intelligent, généreux
Édouard : grand, un peu gros / cheveux longs, châtains / pas de moustache / courageux
David : pas grand / cheveux noirs, yeux noirs / grand nez, petite bouche / sérieux, pas drôle
Ludivine : grande, mince / cheveux frisés, longs, roux / sérieuse et sympa

Page 72, Phonie-graphie
1. a. [ø] : 3 – [œ] : 0 – **b.** [ø] : 3 – [œ] : 1 – **c.** [ø] : 2 – [œ] : 2 – **d.** [ø] : 1 – [œ] : 3 – **e.** [ø] : 0 / [œ] : 2
2. Antoine de Saint Exupéry est un aviat**eu**r, un grand voyag**eu**r. C'est aussi un aut**eu**r célèbre grâce à son **œu**vre « Le petit Prince », le s**eu**l livre de littérature traduit en 481 langues et dialectes. Les enfants du monde entier p**eu**vent lire cette belle histoire !

Page 73, Compréhension écrite
1. Tom (le mari de Catherine)
2. du soir
3. de s'occuper des enfants et de préparer le dîner
4. a. faux – **b.** faux – **c.** vrai
5. 3 heures

Page 73, Production orale
Jeux de rôle (réponses libres)

Page 74, Bilan linguistique, Grammaire
1. a. Tous les matins, je m'occupe des enfants. – **b.** Marie se coiffe devant le miroir. – **c.** Ma sœur et moi, nous nous brossons les dents trois fois par jour. – **d.** Tu te réveilles à 8 heures. – **e.** Vous vous rasez souvent ?
2. a. souvent – **b.** Tous les – **c.** rarement – **d.** jamais – **e.** Le matin
3. a. Je viens de voir une exposition. – **b.** Nous venons de faire la vaisselle. – **c.** Tu viens de regarder une série à la télévision. – **d.** Michel vient de partir du cinéma. – **e.** Ils viennent de sortir du cours de dessin.
4. a. Je dors – **b.** Tu pars – **c.** Il dort – **d.** Ta mère part – **e.** vous sortez

Page 75, Bilan linguistique, Vocabulaire
1. a. Nathalie se lève à 9h. – **b.** Mon père se brosse les dents avant d'aller se coucher. – **c.** Je cherche une maison à acheter, alors je surfe sur internet. – **d.** Christelle fait les courses au supermarché. – **e.** Ma mère va au musée, elle adore les tableaux.
2. a. dix heures et quart / vingt-deux heures quinze – **b.** minuit / midi – **c.** huit heures cinq – **d.** neuf heures moins le quart / huit heures quarante-cinq – **e.** douze heures cinquante / midi moins dix
3. a. 4 – **b.** 3 – **c.** 5 – **d.** 1 – **e.** 2
4. a. faux – **b.** vrai – **c.** faux – **d.** faux – **e.** vrai

Page 76, DELF
1. Compréhension de l'oral
1. C. – **2.** A. – **3.** B. – **4.** C.
2. Compréhension des écrits
1. B. – **2.** C. – **3.** A. – **4.** B. – **5.** B.

Page 77, DELF
3. Production écrite
Exemple de réponse : Salut Aurélien, ça va ? Maintenant, j'habite à la montagne. Mon village est petit et calme. Je travaille de 8 h à 17 h. Le soir, je me promène ou je cuisine. Le week-end, je retrouve mes amis. Nous discutons au café ou nous allons manger au restaurant. Viens me voir ! M.

4. Production orale
Exemple de dialogue
Vous : Bonjour !
Employé : Bonjour !
Vous : Votre club propose quelles activités ?
Employé : Nous avons beaucoup d'activités : des activités sportives, des activités culturelles… Qu'est-ce que vous aimez ?
Vous : Vous avez des cours de musique ?
Employé : Non, nous n'avons pas de cours de musique mais nous avons des cours de théâtre et de dessin. Nos professeurs sont très sympas et sérieux.
Vous : J'aime bien le théâtre. C'est aussi pour les débutants ?
Employé : Oui, bien sûr.
Vous : Qui est le professeur ?
Employé : C'est Mme Cébron. C'est une comédienne professionnelle.
Vous : Elle est actrice dans un théâtre ?
Employé : Oui. Elle joue tous les samedis soir.
Vous : Ah, c'est intéressant ! Je voudrais m'inscrire au cours de théâtre. Les cours sont quel jour ?
Employé : Il y a trois cours par semaine : le mercredi après-midi à 15 h, le jeudi soir à 18 h et le samedi matin à 10 h.
Vous : Je travaille la journée, alors jeudi soir c'est bien. Le cours finit à quelle heure ?
Employé : Le cours dure 2 heures, il finit à 20 h.
Vous : Parfait. Et ça coûte combien ?
Employé : C'est 45 euros pour 3 mois.
Vous : Très bien, je peux payer par carte bancaire ?
Employé : Non, désolé en espèces ou en chèque.
Vous : D'accord, je vais faire un chèque.

Page 78, Jeux
1. Je peux t'inviter au restaurant ?
2.

T	C	N	Y	U	R	B	G	M	L	T	J
E	C	A	L	M	E	O	J	E	K	I	C
Z	S	U	P	V	Z	M	K	R	A	M	Y
D	R	O	L	E	H	S	B	F	C	I	J
O	W	X	Z	X	G	V	Y	Z	H	D	U
M	P	E	E	A	D	G	M	Y	E	E	X
M	B	I	I	X	G	O	W	Q	O	C	N
P	G	U	P	N	E	P	L	Y	Z	M	J
Q	N	D	D	Y	N	A	M	I	Q	U	E
X	V	F	D	U	T	F	L	X	W	Y	K
H	V	P	Y	I	I	Q	U	V	V	V	T
G	Y	E	I	T	L	C	B	C	C	C	Z
B	A	T	F	E	O	Z	S	L	H	X	H
C	Z	Y	Y	Y	S	O	C	I	A	B	L

3. Réponse libre
4. a. 2. Marion Cotillard – **b.** 3. Roger Federer – **c.** 1. Stromae – **d.** 5. Kylian MBappé – **e.** 4. Angèle

Unité 7 Chez moi

Page 79, Grammaire
Le passé composé
1. a. passé composé – **b.** présent – **c.** passé composé – **d.** présent – **e.** présent – **f.** passé composé – **g.** passé composé – **h.** présent
2. a. 5 – **b.** 3 – **c.** 4 – **d.** 2 – **e.** 1
3. a. Tu as cherché – **b.** Vous avez trouvé – **c.** Ils ont acheté – **d.** J'ai visité – **e.** Elle n'a pas déménagé
4. a. Ma sœur a trouvé – **b.** Vous avez déménagé – **c.** Nous avons habité – **d.** Tu as cherché – **e.** J'ai visité un beau studio.

Page 80, Grammaire
Les prépositions de lieu
1. a. sous – **b.** derrière – **c.** à gauche – **d.** en face – **e.** devant
2. a. à gauche – **b.** sous – **c.** derrière – **d.** à droite – **e.** sur – **f.** derrière

3. Image A	**Image B**
a. Le tapis est à côté du lit	**a.** Le tapis est sous le lit
b. L'ordinateur est à gauche de la plante	**b.** L'ordinateur est à droite de la plante
c. La chaise est devant le bureau	**c.** La chaise est sous le bureau
d. Il y a une télévision	**d.** Il n'y a pas de télévision

Page 81, Vocabulaire
Le logement, l'équipement
1. a. déménager – **b.** rez-de-chaussée / étage – **c.** surface – **d.** jardin
2. Cuisine : un réfrigérateur, un four, une cuisinière
Salon : un fauteuil, une table basse, un canapé, une plante, un tableau
Chambre : une armoire, un bureau, un lit
3. Surface : 22 m² – **Meublé** avec un **canapé**, une **table**, des **chaises** – Cuisine équipée avec un **four**, une **cuisinière**, un **frigo** – Salle de bains avec **douche** – **Loyer :** 456 €

Page 81, Phonie-graphie
a. [e] : 2 – [ɛ] : 3 – **b.** [e] : 0 – [ɛ] : 5 – **c.** [e] : 3 – [ɛ] : 2 – **d.** [e] : 3 – [ɛ] : 5 – **e.** [e] : 5 – [ɛ] : 3

Page 82, Grammaire
L'obligation et l'interdiction
1. a. obligation – **b.** interdiction – **c.** demande – **d.** interdiction – **e.** interdiction – **f.** obligation
2. a. Il faut fermer la porte d'entrée. – **d.** Il n'est pas possible de faire du bruit après 22h. – **e.** Il est interdit de laisser son vélo dans l'entrée.
3. a. Prière de trier vos déchets ! – **b.** Merci de tenir votre chien en laisse. – **c.** Il est interdit de fumer dans les parties communes. – **d.** Ne laissez pas la porte d'entrée ouverte. – **e.** Défense de jouer au ballon dans le hall.
4. a. Il est interdit de fumer – **b.** Interdiction de faire du bruit après 22h. – **c.** Merci de trier les déchets. – **d.** Défense de marcher sur la pelouse. – **e.** Prière de tenir les chiens en laisse.

Page 83, Grammaire
Les pronoms COD
1. a. Il les contacte. – **b.** Il la contacte. – **c.** Il le contacte. – **d.** Il les contacte. – **e.** Il le contacte.
2. a. l' – **b.** les – **c.** l' – **d.** les – **e.** le – **f.** la – **g.** les – **h.** le
3. a. le – **b.** l' – **c.** la – **d.** les – **e.** les
4. a. Le serrurier – **b.** Les déchets – **c.** L'ascenseur – **d.** Les voisins – **e.** L'informaticien

Page 84, Vocabulaire
L'immeuble, les réparations
1. a. un informaticien – **b.** un serrurier – **c.** un peintre – **d.** un électricien – **e.** un plombier
2. voisin – appartement – résidence – un plombier – réparer – porte d'entrée.
3. a. 4 – **b.** 3 – **c.** 5 – **d.** 2 – **e.** 1

Page 84, Phonie-graphie
a. – Bonjour, je suis votre nouveau voisin.
– Bonjour, bienvenue dans notre immeuble !
b. – Il est interdit de mettre les vélos dans le hall !
– Oui, il est aussi interdit de fumer dans les parties communes.
c. – Mon ami cherche une chambre à louer dans ton quartier.
– Ah oui, c'est une bonne idée !

d. – Aujourd'hui, il y a beaucoup de bruit dans votre appartement.
– Je suis désolé(e). Mes enfants sont là. Ils vont demain dans une nouvelle école.
e. – Ma voisine a oublié ses clés. Elle recherche un serrurier.
– Elle peut appeler son assurance pour être en contact avec un professionnel.

Page 85, Compréhension orale
1. Mona est fatiguée parce qu'elle ne peut pas dormir. Ses voisins font du bruit. –
2. Mona va déménager. – **3.** Vrai. –
4. L'appartement fait 65m². – **5.** Faux, il n'y a pas de lave-linge. – **6.** Mona peut voir un joli jardin. – **7.** Un canapé et deux fauteuils – **8.** Son ordinateur ne marche plus. – **9.** Informaticien.

Page 85, Production écrite
Exemple de production : Location dans le centre de Lyon. C'est un studio très agréable et confortable. Il a une grande pièce avec un coin cuisine, une cuisinière et un frigo. La salle de bain est totalement neuve. L'appartement est meublé. Dans le salon, il y a un canapé, un meuble avec la télévision et une table basse. Le lit est très confortable et l'appartement est très calme. Les voisins ne font pas de bruit. Vous allez l'adorer.

Page 86, Bilan linguistique, Grammaire
1. a. Mes voisins ont déménagé – **b.** Vous avez trouvé – **c.** J'ai décoré – **d.** Tu as visité – **e.** Paul a acheté
2. a. La lampe est à côté du canapé. – **b.** J'ai trouvé un appartement à gauche du cinéma. – **c.** Mon chat aime dormir sous le fauteuil. – **d.** Tu as oublié tes clés sur la table. – **e.** La machine à laver est à droite du frigo.
3. a. Je ne dois pas fumer. – **b.** Vous ne devez pas déranger les voisins le soir. – **c.** Vous ne pouvez pas manger dans la classe. – **d.** Il est nécessaire de trier les déchets. – **e.** Vous devez fermer la porte à clé.
4. a. le – **b.** le – **c.** la – **d.** les – **e.** l'

Page 87, Bilan linguistique, Vocabulaire
1. a. un tableau – **b.** un canapé – **c.** une lampe – **d.** une table basse – **e.** un tapis
2. a. 4 – **b.** 2 – **c.** 3 – **d.** 5 – **e.** 1 – **f.** 2
3. a. l'escalier – **b.** la pelouse – **c.** voisins – **d.** la porte – **e.** appartements
4. a. répare les fuites d'eau – **b.** change la couleur des murs – **c.** répare des serrures – **d.** répare des ordinateurs – **e.** répare une lampe

Page 88, DELF
1. Compréhension de l'oral
1. A. – **2.** B. – **3.** B. – **4.** B.
2. Compréhension des écrits
1. B. – **2.** A. – **3.** B. – **4.** B. – **5.** C.

Page 89, DELF
3. Production écrite
Exemple de production
Nom : XXXXXXXXXXXXXXX
Prénom : Anchali
Date de naissance : 01/12/2002
Nationalité : thaïlandaise
Courriel : anchalitipa@gmail.com
Adresse (numéro et rue) : 32 rue Palatine
Pays : Belgique
Téléphone : 07 68 56 90 81
Profession : comédienne
Meubles à vendre : une armoire et un fauteuil
4. Production orale
Exemples d'échange d'informations
Canapé : Vous avez un canapé dans votre salon ?
Maison : Vous habitez dans une maison ou un appartement ?
Adresse : Quelle est votre adresse ?
Jardin : Vous avez un jardin ?
Chien : Vous préférez les chiens ou les chats ?
Appartement : Vous habitez quel appartement ?

Page 90, Jeux
1. a. canapé – **b.** lit – **c.** armoire – **d.** micro-ondes
2.

C	A	N	A	P	E	D	G	O	U	L	F	I
U	S	E	D	O	T	U	R	J	O	U	G	A
I	C	H	U	G	F	A	U	T	E	U	I	L
S	E	O	H	V	J	I	P	M	A	I	F	S
I	G	T	F	T	C	H	A	M	B	R	E	T
N	S	P	O	C	A	O	S	U	O	L	E	E
E	P	S	U	E	E	S	C	A	L	I	E	R
J	U	A	R	I	C	H	C	E	U	K	E	X
N	F	Y	O	M	P	K	Y	R	E	A	B	O
I	F	O	T	A	B	L	E	A	U	U	I	L
A	U	A	R	O	P	A	T	I	L	L	A	I
S	P	A	P	P	A	R	T	E	M	E	N	T
U	S	K	O	Q	B	W	O	M	R	W	P	U
R	E	F	R	I	G	E	R	A	T	E	U	R

3. Pièces de la maison ou parties du logement : terrasse, toilettes – chambre, cuisine – fenêtre
Objets de la maison / meubles : table, télévision, tableau, tapis – cuisinière, canapé, chaise – four, frigo
4. a. FAUTEUIL – **b.** RÉFRIGÉRATEUR – **c.** IMMEUBLE – **d.** DÉMÉNAGER – **e.** CUISINIÈRE
5. a. ta – bleu : table – **b.** a – sans – sœur : ascenseur

Unité 8 En forme !

Page 91, Grammaire
Le passé composé (2)
1. a. présent – **b.** passé composé – **c.** passé composé – **d.** passé composé – **e.** présent – **f.** présent
2. a. Il a musclé son dos. – **b.** Alice a fait une radio. – **c.** Nous avons bu du sirop. – **d.** Elles ont acheté des vitamines. –
e. J'ai pu prendre rendez-vous. –
f. Vous avez fini de vous reposer.
3. Hier, je suis allé au restaurant avec des amis. J'ai pris une blanquette de veau avec une salade. Plus tard, je suis allé à la maison, et j'ai commencé à me sentir mal. J'ai eu très mal au ventre. J'ai appelé le docteur. Il a pensé à une indigestion. Il m'a dit de boire beaucoup d'eau et de me reposer. J'ai été malade pendant trois jours !
4. a. nagé – **b.** pris – **c.** dormi – **d.** eu – **e.** voulu – **f.** fait

Page 92, Grammaire
Le pronom Y
1. a. Tu y vas souvent. – **b.** J'y suis. – **c.** Nous allons y passer – **d.** Je n'y travaille pas. – **e.** Les médicaments y sont.
2. a. 4 – **b.** 5 – **c.** 2 – **d.** 1 – **e.** 3
3. a. Mon père y fait son jogging. – **b.** L'infirmier y travaille. – **c.** J'y achète mes vitamines. – **d.** Il y joue. – **e.** Marie y pratique le Pilates. – **f.** Nous y prenons les médicaments.
4. 1. a – **2.** d – **3.** c – **4.** f – **5.** e – **6.** b

Page 93, Vocabulaire
Le corps et la santé
1. a. Elle a mal à la tête. – **b.** Elle a mal au ventre. – **c.** Il a mal au dos. – **d.** Il a mal à la jambe. – **e.** Il a mal au pied.
2. a. l'oreille – **b.** la dent – **c.** les yeux – **d.** le nez – **e.** la bouche – **f.** l'œil
3. a. 5 – **b.** 4 – **c.** 3 – **d.** 1 – **e.** 2
4. a. être fatigué(e) – **b.** être content(e) – **c.** être triste – **d.** être inquiet / inquiète

Page 93, Phonie-graphie
Bonjour, je vais vous raconter une histoire particulière. Le mois dernier, j'ai fait une randonnée dans le Vercors, à côté de Grenoble. J'ai marché pendant des heures. Puis j'ai rencontré un groupe de personnes de nationalités différentes. Nous avons beaucoup parlé. Nous avons dormi sous des arbres. Le matin, au réveil, nous avons découvert un petit ours endormi près de nous. Nous avons bougé tout doucement pour ne pas le réveiller.

Page 94, Grammaire
L'obligation et l'interdiction
1. a. obligation – **b.** interdiction – **c.** obligation – **d.** interdiction – **e.** obligation – **f.** interdiction
2. a. Tu dois – **b.** Il ne faut pas – **c.** Vous ne devez pas – **d.** Il faut – **e.** Il ne doit pas
3. a. Vous devez – **b.** Il ne faut pas – **c.** Je dois – **d.** Nous ne devons pas – **e.** Il faut
4. a. Vous devez manger cinq fruits et légumes par jour. Il faut manger équilibré. – **b.** Il faut se laver les mains avant de manger. – **c.** Il faut faire 30 minutes de sport par jour à l'école. – **d.** Il est interdit de fumer / Vous ne devez pas fumer. – **e.** Il est interdit de manger dans la salle / Il ne faut pas manger dans la salle.

Page 95, Grammaire
Le conseil
1. a. 3 – **b.** 4 – **c.** 6 – **d.** 5 – **e.** 1 – **f.** 2
2. a. Prenez – **b.** Achète – **c.** Joue au tennis. – **d.** Perdez – **e.** Respecte
3. a. Vous pouvez prendre une douche après le sport. – **b.** Tu peux acheter plus de légumes au supermarché. – **c.** Tu peux jouer au tennis. – **d.** Vous pouvez perdre du poids pour être en forme. – **e.** Tu peux respecter les règles.
4. (exemples de réponses) : **a.** Bois de l'eau. – **b.** Mange des fruits. – **c.** Tu peux cuisiner des légumes. – **d.** Va marcher. **e.** Tu peux faire du yoga.

Page 96, Vocabulaire
Le sport, l'alimentation
1. a. le rugby – **b.** la gymnastique – **c.** la musculation – **d.** le yoga – **e.** le judo
2. l'activité physique – la natation – la salle de sport – un coach – musculation – une alimentation saine.
3. a. au vestiaire – **b.** au sauna – **c.** chez le docteur – **d.** à la salle de sport – **e.** au supermarché

Page 96, Phonie-graphie
a. [b] : 2 – [v] : 2 – **b.** [b] : 3 – [v] : 2 – **c.** [b] : 2 – [v] : 2 – **d.** [b] : 0 – [v] : 7 – **e.** [b] : 4 – [v] : 2

Page 97, Compréhension écrite
1. Le médecin. – **2.** On peut téléphoner ou prendre rendez-vous sur internet (doctolib.com) – **3. a.** Faux – **b.** Faux – **c.** Vrai – **4.** au bras. – **5.** Dominique doit prendre du paracétamol et faire une radio.

Page 97, Production orale
Jeux de rôle (réponses libres)

Page 98, Bilan Linguistique, Grammaire
1. a. Mes parents ont dû aller à la pharmacie. – **b.** Hugo a été malade. – **c.** Vous avez fait une radio ? – **d.** Mes sœurs ont pris du sirop. – **e.** Tu as mangé des légumes.
2. a. Elle est à l'hôpital parce qu'elle y fait une radio. – **b.** Je vais à la pharmacie parce que j'y achète mes médicaments. – **c.** Nous allons à Paris parce que nous y courons le marathon. – **d.** Rose part chez le médecin parce qu'elle y a rendez-vous. – **e.** Tu vas au stade parce que tu y joues au football.
3. a. Il ne faut pas fumer à l'intérieur. / Vous ne devez pas fumer à l'intérieur. – **b.** Il ne faut pas utiliser les boules à l'extérieur de la piste. – **c.** Il faut porter des chaussures spéciales. / Vous devez porter des chaussures spéciales. – **d.** Il ne faut pas courir sur la piste. / Vous ne devez pas courir sur la piste. – **e.** Il faut gagner la partie. / Vous devez gagner la partie.
4. a. Fais beaucoup de sport. – **b.** Allez voir un docteur. – **c.** Pratique la relaxation. – **d.** Achetez de la nourriture saine. – **e.** Éteins ton téléphone pour courir.

Page 99, Vocabulaire
1. a. l'infirmière – **b.** le docteur / le médecin – **c.** la pharmacienne – **d.** les médicaments – **e.** le sirop
2. a. négative – **b.** positive – **c.** négative – **d.** négative – **e.** positive
3. a. la gymnastique – **b.** le judo – **c.** la natation – **d.** la marche – **e.** la musculation
4. a. Vrai – **b.** Faux – **c.** Vrai – **d.** Faux – **e.** Faux

Page 100, DELF
1. Compréhension de l'oral
1. B. – **2.** A. – **3.** A. – **4.** B. – **5.** A.
2. Compréhension des écrits
1. C. – **2.** B. – **3.** C. – **4.** A. – **5.** B.

Page 101, DELF
3. Production écrite
Exemple de production
Nom : XXXXXX
Prénom : Hawa
Âge : 26 ans
Nationalité : turque
Adresse (numéro et rue) : 76 rue de Galliera
Ville : Paris
Pays : France
Téléphone : 07 40 51 77 20
Sports pratiqués : football, tennis –
Date d'inscription : 12 janvier
4. Production orale
Exemple d'échange d'informations
Natation : Tu sais nager ?
Yoga : Tu aimes le yoga ?
Content : Tu es content aujourd'hui ?
Médecin : Quelle est ta profession ?
Sport : Quel est ton sport préféré ?
Dentiste : Tu as rendez-vous chez le dentiste ?

Page 102, Jeux
1. Réponses libres
2. AZTERTNEVRVAZSARB   IRDEIPOLAST   VENTRE   BRAS   PIED ANSODBEJEBMAJ   REGROGTSRUE   DOS   JAMBE   GORGE SUASODTM   DOS
3. a. football – **b.** musculation – **c.** tennis – **d.** judo – **e.** rugby
4. Réponses libres
5. Réponses libres

Unité 9 Bonnes vacances !

Page 103, Grammaire
La comparaison
1. a. plus grande que – **b.** plus calmes qu' – **c.** moins confortable que – **d.** plus chaud en été qu'
2. a. L'avion est plus rapide que la voiture. – **b.** La vue sur la mer est plus belle que la vue sur la rue. – **c.** Le petit-déjeuner est moins cher que le dîner.
3. a. plus chère – **b.** moins sportives – **c.** aussi confortable – **d.** meilleur
4. a. La voiture est moins écologique que le vélo. – **b.** Les vacances à la montagne sont plus sportives que les vacances en ville. – **c.** Les croissants de l'hôtel sont meilleurs que les croissants du supermarché.

Page 104, Grammaire
Les prépositions devant les noms de ville et de pays.
1. a. de – **b.** du – **c.** d' – **d.** des
2. a. du – **b.** de – **c.** du – **d.** de
3. a. 1. Ils viennent du Mexique – **b. 4.** Il vient des États-Unis. – **c. 2.** Elles viennent de France – **d. 6.** Ils viennent d'Italie – **e. 5.** Elle vient d'Espagne. **f. 3.** Ils viennent du Japon. – **4. a.** Vous venez du Brésil – On vient de Rio – **b.** Tu arrives des États-Unis – **c.** Ils reviennent d'Italie. - **d.** Mon avion arrive de Londres.

Page 105 vocabulaire
Les vacances
1. a. la tente – **b.** une ferme – **c.** acceptés – **d.** partent – **e.** un parking
2. a. la location – **b.** réserver – **c.** payer – **d.** cher – **e.** une randonnée
3. a. à la montagne – **b.** à la mer – **c.** en ville – **d.** à la campagne – **e.** en ville

Page 105, Phonie-graphie
1. a. [f] : 2 – [v] : 5 – **b.** [f] : 2 – [v] : 4 – **c.** [f] : 1 – [v] : 6 – **d.** [f] : 1 – [v] : 6 – **e.** [f] : 3 – [v] : 4
2. Pendant les **v**acances, **v**ous a**v**ez **v**oyagé en **v**oiture pour **v**isiter des **v**illages en **F**rance. Vous a**v**ez **v**u des paysages magni**f**iques, **v**ous a**v**ez **f**ait des activités di**ff**érentes et **v**ous avez dormi dans une **f**erme **f**amiliale. Une belle a**v**enture a**v**ec beaucoup de **ph**otos.

Page 106, Grammaire
Le passé composé avec être
1. a. suis parti – **b.** sommes rentrés – **c.** a marché – **d.** sont allés – **e.** avez nagé
2. a. pensé – **b.** allés – **c.** partis – adoré – **d.** rentrées – **e.** fait
3. a. suis allé(e) – **b.** est rentré – **c.** est arrivée – **d.** sont restés
4. est partie – est arrivée – a dormi – est sortie – est allée – est montée – a pris – est rentrée
5. (exemples de réponses) **a.** On est partis lundi – **b.** J'ai pris l'avion – **c.** Elles ont logé à l'hôtel – **d.** Nous avons fait de la randonnée.

Page 107, Grammaire
Les verbes impersonnels à l'imparfait
1. a. passé composé – **b.** imparfait – **c.** imparfait – **d.** imparfait – **e.** présent – **f.** passé composé – **g.** présent
2. a. Il y avait – **b.** Il faisait – **c.** Il y avait – **d.** Il faisait – **e.** Il faisait
3. a. Il faisait – **b.** C'était – **c.** Il y avait – **d.** Il y avait – **e.** C'était
4. Il faisait très chaud – il y avait du vent – Il y avait beaucoup – c'était magnifique – il faisait plus frais – C'était délicieux

Page 108, Vocabulaire
La nature
1. a. 4 – **b.** 3 – **c.** 1 – **d.** 2
2. a. la vache – **b.** la poule – **c.** l'oiseau – **d.** le poisson – **e.** le chien
3. a. 2 – **b.** 4 – **c.** 3 – **d.** 1

Page 108, Phonie-graphie
1. a. [k] : 3 – [g] : 2 – **b.** [k] : 2 – [g] : 2 – **c.** [k] : 5 – [g] : 1 – **d.** [k] : 3 – [g] : 1 – **e.** [k] : 6 – [g] : 0
2. Je suis en va**c**ances en Martini**qu**e. C'est magnifi**qu**e ! Je marche beau**c**oup de **k**ilomètres cha**qu**e jour. J'ai ren**c**ontré un **g**roupe de Mexicains très sympathi**qu**es. Un **gu**ide nous or**g**anise des a**c**tivités **c**ulturelles et nous dé**g**ustons des spécialités lo**c**ales. Les journées sont lon**gu**es mais a**g**réables.

Page 109, Compréhension orale
1. à la montagne – **2.** sa famille – **3.** faux – **4.** l'hébergement – **5.** du soleil

Page 109, Production écrite
Exemple de production : Salut Antoine, oui, c'était super ces vacances ! Cette année, je suis allé à la mer. Il a fait beau les deux premiers jours mais après, le temps était un peu gris. On a dormi sous la tente, c'était sympa. On se voit bientôt ? Bisous, Marc.

Page 110, Bilan Linguistique, Grammaire
1. a. moins – **b.** plus – **c.** plus – **d.** aussi – **e.** plus
2. a. 4 – **b.** 1 – **c.** 3 – **d.** 2
3. a. est revenue – **b.** sont allés – **c.** avez marché – **d.** est né – **e.** es sortie – **f.** sommes rentrés
4. a. C'était – **b.** Il faisait – **c.** il y avait – **d.** C'était – **e.** il y avait

Page 111, Vocabulaire
1. a. faux – **b.** faux – **c.** vrai – **d.** vrai – **e.** faux
2. a. réserver – **b.** goûter – **c.** bronzer – **d.** me baigner – **e.** accepter
3. a. La plongée – **b.** la randonnée – **c.** un chemin – **d.** l'herbe – **e.** un pique-nique
4. a. cet oiseau – **b.** cheval – **c.** champs – **d.** rivière – **e.** fleurs

Page 112, DELF
1. Compréhension de l'oral
1. A. – **2.** C. – **3.** C. – **4.** B.
2. Compréhension des écrits
1. A. – **2.** C. – **3.** B. – **4.** C. – **5.** C.

Page 113, DELF
3. Production écrite
Exemple de production : Chère Rose ! Je suis en vacances à la mer avec ma femme et notre fille, Yasmine. Nous avons loué un appartement à côté de la plage. Il est très confortable. Yasmine se baigne tous les jours. Nous faisons aussi du vélo et nous nous reposons.
Et toi, tes vacances se passent bien ?
Je t'embrasse. J. B.

4. Production orale
Exemple de dialogue
Vous : Bonjour !
Employé : Bonjour !
Vous : Je suis en vacances en Bretagne pendant 4 jours. Qu'est-ce qu'il y a à voir en ce moment ?
Employé : Vous visitez la Bretagne seul ou avec votre famille ?
Vous : Avec ma famille. J'ai 2 enfants. Ils ont 6 et 9 ans.
Employé : Nous avons deux activités très intéressantes à faire avec des enfants. Il y a le Grand Aquarium à Saint-Malo et la Cité de la pêche.
Vous : La Cité de la pêche, qu'est-ce que c'est ?
Employé : Vous visitez un bateau de pêche. Vous apprenez le métier de pêcheur, le nom des poissons...
Vous : On peut goûter aussi les spécialités de la mer ?
Employé : Oui, mais il faut payer en plus.
Vous : Et c'est où ?
Employé : C'est à Guilvinec.
Vous : Et à l'aquarium, il y a beaucoup d'animaux ?
Employé : Oui, beaucoup, c'est très grand.
Vous : Il est ouvert tous les jours ?
Employé : Oui, tous les jours.
Vous : Le soir, il ferme à quelle heure ?
Employé : Il ferme à 19 heures.
Vous : Combien coûte le billet ?
Employé : 12 euros pour les adultes et 8 euros pour les enfants.
Vous : Je vais acheter 4 billets pour l'aquarium. Deux adultes et deux enfants, s'il vous plaît.
Employé : Nous organisons aussi une visite guidée de la vieille ville de Rennes.
Vous : C'est très intéressant mais mes enfants n'aiment pas marcher.
Employé : Ah d'accord !
Vous : Je peux payer l'aquarium par carte ?
Employé : Bien sûr.
Vous : Ça fait combien au total ?
Employé : Alors ça fait 40 euros. Vous pouvez taper votre code. Voici vos billets !
Vous : Merci beaucoup ! Bonne journée !
Employé : Bonne journée et bonne visite !

Page 114, Jeux
1. a. le train – **b.** le camping – **c.** la mer – **d.** le surf – **e.** le chat
2. a. parti – **b.** revenu – **c.** sorti – **d.** arrivé – **e.** né
3. a. oiseau – **b.** vache – **c.** canard – **d.** poisson – **e.** cheval
4. LOCATION – HOTEL – FERME – CAMPING – TENTE
5. Réponses libres.

Unité 10 Au travail !

Page 115, Grammaire
Les pronoms COD
1. a. te – **b.** nous – **c.** t' – te – **d.** vous – **e.** m'
2. a. Il nous a envoyé une candidature. – **b.** L'économie m'intéresse beaucoup. – **c.** Le secrétariat vous informe sur les masters. – **d.** Ton chef t'a posé beaucoup de questions.
3. a. nous – **b.** nous – vous – **c.** te – **d.** t' – m' – **e.** me
4. a. Oui, on peut **vous** montrer où se trouvent les logements étudiants. – **b.** Oui, il **nous** explique comment s'inscrire en licence. – **c.** Oui, le resto U **me** plaît. – **d.** Oui, je peux **te** conseiller pour ta recherche de stage.

Page 116, Grammaire
La durée, la continuation
1. a. 4 – **b.** 3 – **c.** 1 – **d.** 2
2. a. pendant – **b.** toujours – **c.** pendant – **d.** toujours – longtemps – pendant – **e.** longtemps
3. a. a étudié – **b.** font un stage – **c.** me suis inscrit(e) – **d.** apprenez – **e.** travaille
4. a. Oui, il a vécu longtemps au Maroc. – **b.** Il a étudié le journalisme pendant 3 ans. – **c.** Il a travaillé chez Métro pendant 2 ans. – **d.** Non, il travaille comme journaliste.

Page 117, Vocabulaire
L'université, les études
1. a. l'informatique – **b.** le resto U – **c.** bibliothèque – **d.** un stage – **e.** Ce professeur
2. a. faux – **b.** vrai – **c.** faux – **d.** vrai – **e.** faux
3. a. 2 – **b.** 3 – **c.** 4 – **d.** 1

Page 117, Phonie-graphie
1. a. [t] : 4 – [d] : 2 – **b.** [t] : 2 – [d] : 3 – **c.** [t] : 4 – [d] : 2 – **d.** [t] : 3 – [d] : 1 – **e.** [t] : 5 – [d] : 2
2. Nous sommes é**t**u**d**iants. À l'universi**t**é, nous é**t**u**d**ions les le**tt**res et nous allons à la biblio**t**hèque. Le week-en**d**, nous **t**ravaillons **d**ans un grand res**t**aurant.

Page 118, Grammaire
Les pronoms relatifs
1. a. qui – **b.** qu' – **c.** qui – **d.** qui – **e.** que
2. a. qui – qu' – qui – **b.** qui – que
3. a. C'est un métier qui laisse beaucoup de temps libre. – **b.** C'est un métier que j'ai découvert pendant mon stage. – **c.** C'est un diplôme qui est très difficile à obtenir. – **d.** C'est un diplôme que les employeurs recherchent. – **e.** C'est un pays qui est très touristique. – **f.** C'est un pays que les touristes adorent.
4. a. qui – qui – c'est un agriculteur – **b.** que – qui – c'est une danseuse – **c.** que – qui – c'est un professeur
5. a. qui – **b.** que – **c.** qu' – **d.** qui – **e.** que – **f.** qu'

Page 119, Grammaire
L'intensité
1. a. très – **b.** trop – **c.** un peu – **d.** assez – **e.** beaucoup
2. très – trop – beaucoup – assez – peu – très
3. a. trop – **b.** très – **c.** trop (ou très) – **d.** assez – **e.** un peu
4. a. Annah travaille beaucoup mais elle finit assez tôt. – **b.** Les réunions durent très longtemps : mon responsable parle trop. – **c.** Mon collègue est très sympathique. Mais il est un peu bavard. – **d.** Il y a trop de réunions et elles sont très longues. – **e.** Je télétravaille beaucoup parce que mon bureau est très loin.

Page 120, Vocabulaire
L'entreprise, la vie professionnelle
1. a. 2 – **b.** 1 – **c.** 4 – **d.** 3
2. a. le peintre – **b.** la journaliste – **c.** le chauffeur – **d.** la bouchère – **e.** le libraire
3. a. 2 – **b.** 4 – **c.** 1 – **d.** 4

Page 120, Phonie-graphie
1. a. [p] : 4 – [b] : 0 **b.** [p] : 3 – [b] : 1 – **c.** [p] : 2 – [b] : 1 – **d.** [p] : 4 – [b] : 1 – **e.** [p] : 3 – [b] : 0
2. Paul n'aime **p**as sa **p**rofession, em**p**loyé de **b**anque. Il a **b**ientôt terminé une formation **p**our devenir li**b**raire. Il a développ**é** des nouvelles com**p**étences. Il lit **b**eaucoup et **p**rend du temps pour ses clients sym**p**athiques.

Page 121, Compréhension écrite
1. policier – médecin – chauffeur –
2. faux – **3.** faux – **4.** faux – **5.** trop

Page 121, Production orale
Jeux de rôle (réponses libres)

Page 122, Bilan Linguistique, Grammaire
1. a. Je vous envoie le rapport à 14 heures. – **b.** Oui, je te montre le restaurant d'entreprise ce midi. – **c.** Oui, elle m'a fait visiter les bureaux hier. – **d.** Le responsable nous a demandé de préparer la réunion. – **e.** Elle m'a dit de participer à la visioconférence.
2. a. toujours – **b.** pendant – **c.** toujours – **d.** longtemps – **e.** pendant
3. a. J'ai une responsable qui est très patiente. – **b.** Il fait un stage qu'il adore. – **c.** Nous travaillons sur un dossier qui est très compliqué. – **d.** J'ai une profession que j'aime beaucoup. – **e.** C'est un bureau qu'on peut partager à plusieurs collègues.
4. a. très – **b.** beaucoup – **c.** trop – **d.** très – **e.** assez

Page 123, Vocabulaire
1. a. l'amphithéâtre – **b.** l'enseignant(e) – **c.** la note – **d.** les mathématiques – **e.** les langues
2. les étudiants – campus – resto U – inscrire – secrétariat – bibliothèque
3. a. faux – **b.** vrai – **c.** vrai – **d.** vrai – **e.** faux
4. a. contrat – **b.** poste – **c.** pause déjeuner – **d.** courriel – **e.** une collègue

Page 124, DELF A1
1. Compréhension de l'oral
1. B. – **2.** B. – **3.** C. – **4.** A.
2. Compréhension des écrits
1. C. – **2.** A. – **3.** B. – **4.** C. – **5.** A.

Page 125, DELF A1
3. Production écrite
Exemple de production : Bonjour Liam, je suis en stage chez Infracomm, une entreprise d'informatique. J'ai commencé lundi dernier. Je commence à 9 h et je finis à 18 h. Je travaille sur un dossier intéressant. Je réponds aussi à des mails et je prépare des réunions. J'aime beaucoup ma responsable, elle est drôle et dynamique. Et toi ? Tes études, ça va ? À bientôt ! F.
4. Production orale
Exemple d'échange d'informations
Études : Vous avez fait quelles études ?
Télétravail : Vous aimez le télétravail ?
Préférer : Vous préférez écrire un mail ou téléphoner ?
Professeur : Qui est votre professeur préféré ?
Bibliothèque : Est-ce qu'il y a une bibliothèque dans votre quartier ?
Horaires : Vous commencez votre travail à quelle heure ?

Page 126, Jeux
1. a. le master – **b.** les mathématiques – **c.** la bibliothèque – **d.** le campus – **e.** le diplôme
2.

S	M	A	R	T	E	L	E	P	I
M	A	U	O	E	T	S	C	A	S
A	D	G	S	L	O	E	O	S	M
R	E	U	A	E	I	U	U	P	A
T	L	S	N	P	R	R	R	B	I
P	O	T	T	H	E	X	R	N	M
H	U	I	C	O	M	V	I	N	T
O	R	D	I	N	A	T	E	U	R
N	V	I	C	E	I	E	L	H	J
E	N	A	I	M	L	U	D	A	O

3. a. ARTISTE – **b.** BOUCHERE – **c.** LIBRAIRE – **d.** CHAUFFEUR – **e.** DANSEUR
4. a. commerce – **b.** lettres – **c.** économie – **d.** sciences – **e.** droit
5. Réponse libre

Références iconographiques

Couverture anyaberkut/Istock ; **3 (3)** oksix/AdobeStock ; **3 (1)** JackF/AdobeStock ; **3 (4)** mavoimages/AdobeStock ; **3 (2)** Maskot/GettyImages ; **3 (hd)** Alessandro Scagliusi/Istock ; **4** JeromeCronenberger/AdobeStock ; **5 (1,a)** liderina/AdobeStock ; **5 (1,b)** sebra/AdobeStock ; **5 (1,c)** Вадим Пастух/AdobeStock ; **6 (b)** Yael Weiss/AdobeStock ; **6 (h)** Albachiaraa/AdobeStock ; **8 (2,a,b,c,d)** Graphi-ogre / Géoatlas ; **8 (2,e)** Julien Jandric/AdobeStock ; **9 (1,1)** Marc/AdobeStock ; **9 (1,4)** meredesign/AdobeStock ; **9 (1,2)** bsd studio/AdobeStock ; **9 (1,5)** Sergey Lavrentev/AdobeStock ; **9 (1,3)** Maksim/AdobeStock ; **13 (mm)** kite_rin/AdobeStock ; **13 (hd)** Jacob Lund/AdobeStock ; **15 (1,mg)** bsd studio/AdobeStock ; **15 (1,bm)** Maksim/AdobeStock ; **15 (1,hm)** Sergey Lavrentev/AdobeStock ; **15 (1,bg)** meredesign /AdobeStock ; **15 (1,hg)** Marc/AdobeStock ; **16 (4,A)** Prostock-studio/AdobeStock ; **16 (4,B)** daboost/AdobeStock ; **16 (4,C)** Denys Prykhodov/AdobeStock ; **16 (3A)** Maksim/AdobeStock ; **16 (3,B)** dar/AdobeStock ; **16 (3,C)** yummytime/AdobeStock ; **18** Pixabay ; **21 (3,a)** SimpLine/AdobeStock ; **21 (3,d)** Gstudio/AdobeStock ; **21 (3,b)** Piktoworld/AdobeStock ; **21 (3,e)** artinspiring/AdobeStock ; **21 (3,g)** ylivdesign/AdobeStock ; **21 (3,c)** Janis Abolins/AdobeStock ; **21 (3,f)** anatolir/AdobeStock ; **24 (1,hm)** nyul/123rf ; **24 (1,mmg)** contrastwerkstatt/AdobeStock ; **24 (4,c)** amixstudio/AdobeStock ; **24 (4,b)** beeboys/AdobeStock ; **24 (4,e)** Zoran Zeremski/AdobeStock ; **24 (4,f)** LIGHTFIELD STUDIOS/AdobeStock ; **24 (1,bd)** svetamart/AdobeStock ; **24 (1,hd)** Dean Mitchell/Istock ; **24 (4,a)** CreativeI/Istock ; **24 (4,d)** PeopleImages/Istock ; **24 (1,mg)** blvdone/AdobeStock ; **24 (1,bg)** Krakenimages.com/AdobeStock ; **24 (1,mmd)** Rido/AdobeStock ; **24 (1,md)** Krakenimages.com/AdobeStock ; **27 (2,1)** Freepik ; **27 (2,3)** Denis Rozhnovsky/AdobeStock ; **27 (2,2)** BalanceFormCreative/AdobeStock ; **27 (2,4)** Alexander Y/AdobeStock ; **27 (2,5)** nevskyphoto/AdobeStock ; **29 (1,A)** Gill/AdobeStock ; **29 (1,B)** Tilio & Paolo/AdobeStock ; **29 (1,C)** Brad Pict/AdobeStock ; **30 (bd)** WavebreakmediaMicro/AdobeStock ; **33 (2,a)** innafoto2017/AdobeStock ; **33 (2,d,m)** baibaz/AdobeStock ; **33 (2,b)** Scisetti Alfio/AdobeStock ; **33 (2,e,m)** Jacek Chabraszewski/AdobeStock ; **33 (2,d,d)** Natika/AdobeStock ; **33 (2,c)** Brad Pict/AdobeStock ; **33 (2,e,d)** Karlis/AdobeStock ; **36 (1,2)** orinocoArt/AdobeStock ; **36 (1,1)** Tim UR/AdobeStock ; **36 (1,6)** fotofabrika/AdobeStock ; **36 (1,5)** gleb/AdobeStock ; **36 (1,4)** AlenKadr/AdobeStock ; **36 (1,3)** Freedom Life/AdobeStock ; **37 (hd)** JackF/AdobeStock ; **37 (b)** Sergey Peterman/AdobeStock ; **40 (3,B)** Coprid/AdobeStock ; **40 (3,C)** New Africa/AdobeStock ; **40 (3,A)** ksena32/AdobeStock ; **41 (3,hm)** Liaurinko/AdobeStock ; **41 (3,hd)** ozmen/AdobeStock ; **41 (3,bm)** exclusive-design/AdobeStock ; **41 (3,bd)** creativefamily/AdobeStock ; **42 (4)** TheFarAwayKingdom/AdobeStock ; **42 (2)** Xavier/AdobeStock ; **42 (5)** tarasov_vl/AdobeStock ; **42 (6)** atoss/AdobeStock ; **42 (7)** Paulista/AdobeStock ; **42 (1)** azure/AdobeStock ; **42 (8)** photocrew/AdobeStock ; **42 (3)** GSDesign/AdobeStock ; **45 (1,a)** mrdoomits/123rf ; **45 (1,b)** Denise Serra/AdobeStock ; **45 (1,c)** porpeller/123rf ; **45 (1,d)** JAG IMAGES/AdobeStock ; **45 (1,f)** Alfredo/AdobeStock ; **45 (3,1)** JethroT/AdobeStock ; **45 (3,2)** Photoagriculture/Shutterstock ; **45 (3,3)** chatdesbalkans/123rf ; **45 (3,5)** Franck Legros/AdobeStock ; **45 (1,e)** pixarno/AdobeStock ; **45 (3,4)** Pixabay/© Pyramide du Louvre, arch. I. M. Pei, Musée du Louvre ; **48 (hm)** Only France/Alamy ; **49 (mg)** Laurent (Pictarena)/AdobeStock ; **49 (hg)** Юлия Завалишина /AdobeStock ; **52 (4,A)** massimosanti/123rf ; **52 (3,A)** art_zzz/AdobeStock ; **52 (3,B)** Julián Rovagnati/AdobeStock ; **52 (3,C)** Dmitry Vereshchagin/AdobeStock ; **52 (4,B)** Wirestock/AdobeStock ; **52 (4,C)** pixarno/AdobeStock ; **53 (4,h)** Données cartographiques © 2021 Google ; **53 (bd)** P666/AdobeStock ; **54 (bg)** Annelaure ROBERT / Naturimages ; **56 (3,a)** zhukovvlad/AdobeStock ; **56 (3,d)** adisa/AdobeStock ; **56 (3,b)** REDPIXEL/AdobeStock ; **56 (3,e)** vgajic/GettyImages ; **56 (3,c)** Anna/AdobeStock ; **56 (3,g)** Igor Kardasov/AdobeStock ; **57 (2,mg)** Elnur/AdobeStock ; **57 (2,md)** Vadim Gnidash/AdobeStock ; **57 (2,mmg)** vladdeep/AdobeStock ; **57 (2,mmd)** Westend61/Gettyimages ; **57 (1,g)** Tarzhanova - iStockphoto ; **57 (1,a)** Lidiya Buzuevskaya - iStockphoto ; **57 (1,b)** Lidiya - stock.adobe.com ; **57 (1,c)** Popova Olga/AdobeStock ; **57 (1,d)** Olga/AdobeStock ; **57 (1,e)** Magdalena/AdobeStock ; **60 (3,1)** Scanrail/AdobeStock ; **60 (3,2)** instagram.com/_alfil /AdobeStock ; **60 (3,3)** Natallia/AdobeStock ; **60 (3,4)** New Africa/AdobeStock ; **60 (3,5)** Oleksandr Kovalchuk/AdobeStock ; **60 (3,6)** Scanrail/AdobeStock ; **61 (hd)** JustLife/AdobeStock ; **63 (3,a)** Shmel/AdobeStock ; **63 (3,b)** Kirill Gorlov/AdobeStock ; **63 (2,c)** Vadym Tykhonov/AdobeStock ; **63 (3,d)** Daniel/AdobeStock ; **63 (3,e)** Paolese/AdobeStock ; **64 (5,2)** nerthuz/AdobeStock ; **64 (5,3)** New Africa/AdobeStock ; **64 (5,4)** Sylvie Thenard/AdobeStock ; **64 (5,5)** component/AdobeStock ; **65 (5,A)** Popova Olga/AdobeStock ; **65 (5,B)** Brian Jackson/AdobeStock ; **65 (5,C)** Gerd Gropp/AdobeStock ; **65 (bg)** Tarzhanova/AdobeStock ; **65 (bmg)** Vividz Foto/AdobeStock ; **65 (bmd)** uliaymiro37046/AdobeStock ; **65 (bd)** mstudio/AdobeStock ; **70 (4,g)** philippe Devanne/AdobeStock ; **70 (4,a)** Rawpixel.com/AdobeStock ; **70 (4,b)** grki/AdobeStock ; **70 (4,c)** baranq/AdobeStock ; **70 (4,d)** Pixel-Shot/AdobeStock ; **70 (4,e)** Dash/AdobeStock ; **72 (1,bm)** Igor Alecsander - iStockphoto ; **72 (1,bg)** alexandre zveiger/AdobeStock ; **72 (1,hm)** Westend61 GmbH/Alamy ; **72 (1,hg)** Cookie Studio/AdobeStock ; **73 (bm)** Studio Romantic/AdobeStock ; **75 (2,d)** WONG SZE FEI/AdobeStock ; **75 (2,dg, eg)** piotrszczepanek - stock.adobe.com ; **75 (2,ag, bg,cg)** Darya - stock.adobe.com ; **76** Ihor/AdobeStock ; **77 (5h)** Données cartographiques © 2021 Google ; **77 (4,bd)** Roman/AdobeStock ; **77 (4,hm)** LIGHTFIELD STUDIOS/AdobeStock ; **77 (4,hd)** JackF/AdobeStock ; **77 (4,bm)** Pixel-Shot/AdobeStock ; **78 (5)** Robert Michael/dpa-Zentralbild/Photononqtop ; **78 (3)** DPA/Photononstop ; **78 (2)** London Entertainment/Alamy/hemis.fr ; **78 (1)** Abaca Press/Alamy ; **78 (4)** Abaca Press/Alamy ; **80 (1,a)** New Africa/AdobeStock ; **80 (1,b)** ty/AdobeStock ; **80 (1,c)** Africa Studio/AdobeStock ; **80 (1,d)** wachirawut priamphimai/EyeEm/AdobeStock ; **80 (1,e)** ronstik/AdobeStock ; **80 (4)** Golden Sikorka/AdobeStock ; **81 (2,g)** Fred/AdobeStock ; **81 (2,m)** Dariusz Jarzabek/AdobeStock ; **81 (2,d)** onzon/AdobeStock ; **81 (3g)** Photocreo Bednarek/AdobeStock ; **82 (4,a)** DragonTiger8/AdobeStock ; **82 (4,b)** karapati/AdobeStock ; **82 (4,c)** leszekglasner/AdobeStock ; **82 (4,d)** EvgeniyBobrov/AdobeStock ; **82 (4,e)** Jrme/AdobeStock ; **85 (hd)** Freepik ; **85 (bg)** Mangostar/AdobeStock ; **87 (1)** Photographee.eu/AdobeStock ; **88 (2,A)** vadim_orlov/AdobeStock ; **88 (2,B)** nastazia/AdobeStock ; **88 (2,c)** Africa Studio/AdobeStock ; **89 (5,A)** SAKORN/AdobeStock ; **89 (5,B)** wideonet/AdobeStock ; **89 (5,c)** LianeM/AdobeStock ; **92 (4,4)** spotmatikphoto/AdobeStock ; **92 (4,2)** DenisProduction.com/AdobeStock ; **92 (4,1)** Fotolyse/AdobeStock ; **92 (4,6)** New Africa/AdobeStock ; **92 (4,5)** KB3/AdobeStock ; **92 (4,3)** Nomad_Soul/AdobeStock ; **93 (1,e)** Panumas/AdobeStock ; **93 (1,c)** KMPZZZ/AdobeStock ; **93 (1,d)** Aleksej/AdobeStock ; **93 (1,b)** fizkes/AdobeStock ; **93 (1,a)** Africa Studio/AdobeStock ; **93 (1,f)** zphoto83/AdobeStock ; **94 (4,c)** Drazen/AdobeStock ; **94 (4,b)** Jrme/AdobeStock ; **94 (4,a)** New Africa/AdobeStock ; **94 (4,hg)** blattwerkstatt/AdobeStock ; **94 (4,e)** markus_marb/AdobeStock ; **94 (4,d)** jpopeck/AdobeStock ; **95 (4)** Yuliya Apanasenka/Istock ; **96 (1,d)** satika/AdobeStock ; **96 (1,b)** Tatjana/AdobeStock ; **96 (1,e)** diesirae/AdobeStock ; **96 (1,c)** azure/AdobeStock ; **96 (1,a)** Augustas Cetkauskas/AdobeStock ; **99 (1,c)** Karanov images/AdobeStock ; **99 (1,d)** sebra/AdobeStock ; **99 (1,a)** Drobot Dean/AdobeStock ; **99 (1,b)** Uzhursky/AdobeStock ; **99 (1,e)** Africa Studio/AdobeStock ; **100 (5,1)** viktoriya89/AdobeStock ; **100 (5,2)** cut/AdobeStock ; **100 (5,3)** New Africa/AdobeStock ; **100 (5,4)** alter_photo/AdobeStock ; **100 (5,5)** AlenKadr/AdobeStock ; **102** Graphic/AdobeStock ; **104 (3,b)** M.studio/AdobeStock ; **104 (3,a)** GEOLEE/AdobeStock ; **104 (3,f)** Anatoly Repin/AdobeStock ; **104 (3,e)** Natalia Mylova/AdobeStock ; **104 (3,c)** Paulista/AdobeStock ; **104 (3,d)** michelaubryphoto/AdobeStock ; **107 (2,d)** Freepik ; **107 (2,a)** flyingv43 - iStockphoto ; **107 (2,e)** Africa Studio /AdobeStock ; **107 (2,b)** DoraZett/AdobeStock ; **107 (2,c)** sankai - iStockphoto ; **108 (3,1)** CapturIz - iStockphoto ; **108 (3,3)** martha thiele/EyeEm/AdobeStock ; **108 (3,2)** Unclesam/AdobeStock ; **108 (3,4)** hassan bensliman/AdobeStock ; **109 (hd)** mimagephotos/AdobeStock ; **112 (4,B)** JPC-PROD/AdobeStock ; **112 (4,A)** Alena Yakusheva/AdobeStock ; **112 (4,C)** Paul Vinten/AdobeStock ; **113 (4,bg)** Grand Aquarium de Saint-Malo & Cobac Parc ; **113 (4,bmg)** Haliotika - La Cité de la Pêche ; **113 (4,bmd)** Musée des beaux-arts de Rennes ; **113 (4,bd)** Julin Mignot ; **114 (md)** Eric Isselée/AdobeStock ; **114 (bm)** CMonnay/AdobeStock ; **116 (4)** Antonioguillem/AdobeStock ; **117 (3,3)** Bruno Amsellem/Divergence ; **117 (3,1)** dpa picture alliance archive/Alamy/hemis.fr ; **117 (3,4)** luckybusiness/AdobeStock ; **117 (3,2)** Rawpixel.com/AdobeStock ; **118 (3,3)** Nejron Photo/AdobeStock ; **118 (4,b)** VK Studio ; **118 (4,a)** Production Perig/AdobeStock ; **120 (3,3)** David Pereiras/AdobeStock ; **120 (3,2)** New Africa/AdobeStock ; **120 (3,4)** NDABCREATIVITY/AdobeStock ; **120 (3,1)** DragonImages/AdobeStock ; **121 (hg1)** « Taxi », 1998 - Réal : Gerard Pires - avec Samy Naceri, Fréderic Diefensthal, Marion Cotillard. Collection Christophel © ARP/TF1 ; **121 (hg2)** « Medecin de campagne », 2016 - Réal : Thomas Lilti avec Marianne Denicourt, François Cluzet. Collection Christophel © 31 Juin/Les Films du Parc/Le Pacte.

« Le photocopillage, c'est l'usage abusif et collectif de la photocopie sans autorisation des auteurs et des éditeurs. Largement répandu dans les établissements d'enseignement, le photocopillage menace l'avenir du livre, car il met en danger son équilibre économique.
Il prive les auteurs d'une juste rémunération. En dehors de l'usage privé du copiste, toute reproduction totale ou partielle de cet ouvrage est interdite. »
« La loi du 11 mars 1957 n'autorisant, aux termes des alinéas 2 et 3 de l'article 41, d'une part, que les copies ou reproductions strictement réservées à l'usage privé du copiste et non destinées à une utilisation collective » et, d'autre part, que les analyses et courtes citations dans un but d'exemple et d'illustrations, « toute représentation ou reproduction intégrale, ou partielle, faite sans le consentement de l'auteur ou de ses ayants droit ou ayants cause, est illicite. » (alinéa 1er de l'article 40) – « Cette représentation ou reproduction par quelque procédé que ce soit, constituerait donc une contrefaçon sanctionnée par les articles 425 et suivants du Code pénal. »

PAPIER À BASE DE FIBRES CERTIFIÉES

éditions didier s'engagent pour l'environnement en réduisant l'empreinte carbone de leurs livres. Celle de cet exemplaire est de :
950 g éq. CO₂
Rendez-vous sur www.editionsdidier-durable.fr

© Didier FLE, une marque des éditions Hatier, 2022
ISBN 978-2-278-10365-2 / 978-2-278-10452-9

Dépôt légal : 10365/06 - 10452/05

Achevé d'imprimer en Italie
en décembre 2024 par L.E.G.O. (Lavis).